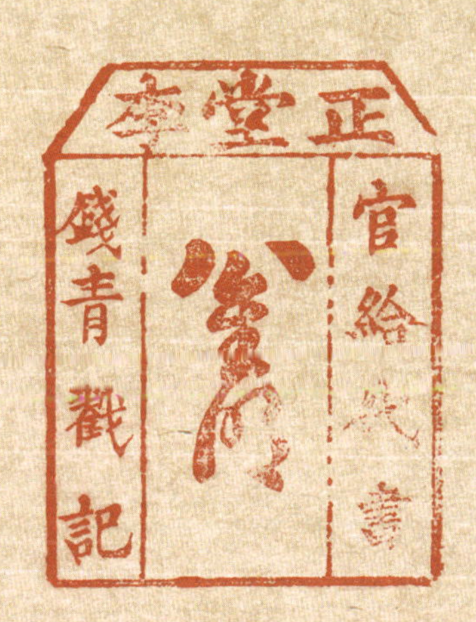
正堂李
官給代書
錢青戳記

故纸遗律

尹藏清代法律文书

尹伊君 著

北京大学出版社
PEKING UNIVERSITY PRESS

图书在版编目（CIP）数据

故纸遗律：尹藏清代法律文书/尹伊君著. —北京：北京大学出版社，2013. 7
ISBN 978 - 7 - 301 - 22669 - 8

Ⅰ. ①故… Ⅱ. ①尹… Ⅲ. ①法律文书—汇编—中国—清代 Ⅳ. ①D929. 49

中国版本图书馆 CIP 数据核字(2013)第 137036 号

书　　名：故纸遗律：尹藏清代法律文书
著作责任者：尹伊君　著
责 任 编 辑：沈仙卫
装 帧 设 计：沈仙卫
标 准 书 号：ISBN 978 - 7 - 301 - 22669 - 8 /D・3357
出 版 发 行：北京大学出版社
地　　址：北京市海淀区成府路 205 号　100871
网　　址：http://www. yandayuanzhao. com
电 子 信 箱：law@ pup. pku. edu. cn
新 浪 微 博：@北大出版社燕大元照法律图书
电　　话：邮购部 62752015　发行部 62750672　编辑部 62117788
出版部 62754962
印 刷 者：北京大学印刷厂
经 销 者：新华书店
650 毫米×980 毫米　16开本　10印张　108千字
2013 年 8 月第 1 版　2013 年 8 月第 1 次印刷
定　　价：35. 00元

目录

纸上得来不觉浅
——我的清代法律文书收藏与研究

我并不是一个从小就有收藏情结的人。由于童年和少年时代的懵懂无知，曾经玩坏过奶奶从北京带去陕西的一只翠镯和一件刻花玉座钟，现在每想起来就会一阵心痛。我之所以走上收藏之路，多少有些偶然。

岳父的曾祖父名叫庆宽，清末供职于内务府，擅长绘画。八国联军攻进北京，“老佛爷”跑到陕西避难，京城大乱，外抢内盗，宫里的许多瓷器流散到了民间。“老佛爷”回京后，就想发告示让老百姓交回这些宝贝，否则治罪。这时庆宽给“老佛爷”出了个主意：不如设几个回收站让老百姓往回交，交回的酌给赏钱。“老佛爷”觉得这个主意不错，就让庆宽负责办这事儿。后来宫里拨的钱用光了，可还有老百姓往回收站送，庆宽就用自己的钱收。凭这个，庆宽成了当时第二号瓷器收藏家。第一号呢？自然是皇上了。现在一些大拍卖行拍出的动辄过亿的乾隆珐琅彩瓷器，有的还注明是庆宽家族旧藏。故宫博物院陈列的那件著名的乾隆珐琅彩开光山水诗句瓶，就是20世纪50年代岳父坐火车从山西三哥家中背回来，又辗转被故宫购藏的。

受到这些环境氛围的影响，也因为一次偶然的际遇，我在20世纪90年代，一头扎进了瓷器收藏的行列。

头两年毫无例外地交了学费。瓷器收藏这玩意儿挺怪，有的人可能会想，我即便不懂，但买一百件东西，总会蒙对一件吧？事实是：一件都蒙不对。我从这事儿得出一条经验：一个人如果没有勇气和能力彻底否定自己，就永远不可能从错误中走出来。许多搞了一辈子收藏的老人家，仍然看不懂新旧，仍然是“门外汉”，买了一屋子赝品，就是因为他们从来不舍得否定自己一次。

瓷器鉴定大概是除书画鉴定以外最难学的。我曾不止一次地否定自己，每次都以为从此走上了正确的道路，但实际只不过走上了另一条错路。就在快要彻底绝望的时候，我无意间接触到了瓷片儿。那时候还没有什么人稀罕这玩意儿，王府井改扩建道路，挖下去一人多深，刚挖出的瓷片儿扔在壕沟边，路过时随手就能拣些，如果肯花上一二十块钱，可以拎半塑料袋回去。到家后用清水洗掉污泥，排比分析，仔细观察并反复把玩胎、釉、纹饰及颜料发色，我一下子进入了那个令人神往的世界。后来和朋友聊天，我说看瓷器不是只懂得看新旧，给你讲三个概念：一是不光能鉴定整器，给你个瓷片一样能鉴定；二是断代不仅精确到朝代，要能看出是康熙早期、中期还是晚期的；三是不仅看新仿，还要能看出是清仿明甚至明仿明，比如明代晚期仿明代中期的。外行的朋友觉得不可思议，其实真懂行的都知道，这不过是鉴定瓷器的基本功。现在瓷器造假的手段超过了历史上任何一个时期。这些年，我见过的“假活”真是花样翻新，“后加彩”、“后接底”等传统手段已算不得什么。最绝的是在西安见到一个乾隆官窑青花大碗，怎么看都是乾隆本朝，但价格便宜得让我起了疑心，反复看才明白其实是乾隆民窑，但制作的精细程度已接近官窑，造假者干脆添加或置换了一个官窑的款识。除了款识，整个碗没有任何问题，款识是电脑制作，和真款一模一样。

然而，在收藏瓷器将近十年之后，我终于决定彻底放弃。归结起来，原因有三：一是虽然经过近十年的收藏，但最终发现我的藏品大多数都是“普品”，在这个传统的收藏领域，我距离一个收藏家的标准还很远；二是即使这些“普品”，它们的价格也已经涨了十倍，再继续走下去，经济能力无法承受；三是真品越来越少，赝品越来越多，淘宝的乐趣越来越少。这时，我开始思考那个很多人都熟悉却难以真正践行的道理：收藏之道，一定要人取我弃、人弃我取。我想，如果能有一项收藏和我的专业以及研究结合起来，那该多好呀！

也是一次偶然，我从潘家园一个备受冷落的老头儿摊位上买了几件清代地契。当时有两点让我震惊。一是价格之低出乎意料。乾隆官契30元一件，乾隆以后的15元一件。很久没有用这么低的价格爽快地买东西了，当时想，如果是同样年代的瓷器呢？如果是乾隆官窑瓷器呢？二是收藏群体之小出乎意料。后来又买了几次，没有发现别人买，老头儿反复唠叨的一句话是：就两个人在我这儿买地契，一个是美国加州大学研究中国历史的教授，一个就是你。

后来，我将收藏的范围从地契进而扩大至诉状、门牌、分书、继约、婚书等被我称之为“清代法律文书”的领域。我发现即使把这些种类全部加起来，它们的收藏群体还是小之又小。刚开始收藏诉状时，一位长期经营这类文书的古玩店老板告诉我，全中国收藏这玩意儿的人加起来也不过三四个人！后来我又发现，某一类藏品的经济价值并不取决于它的文物价值，也不取决于它的历史价值，甚至也不取决于它的稀少程度，而是取决于收藏群体的大小。书画、瓷器这些传统的收藏领域，里面挤满了人，后来更是演变为投资乃至投机行为，价格越炒越离谱，已非工薪阶层敢于问津。而且，历史上已有那么多大收藏家，他们的时代机遇要好得多，今日大多数重要藏品已归国家博物馆，纵使富甲天下，眼力一流，恐怕也不可能超越他们。而文书收藏则价格低廉，前无古人，可以大有作为。至此，我真正体会到“人取我弃、人弃我取”这句话的含义，也庆幸自己在乱象纷纭的收藏领域找准了自己的方向和定位。

历史上，对文书档案价值有足够认识并给予重视保护的事例极为鲜见。当年刘邦大军攻进咸阳，众将士无不争夺金银财宝，连刘邦本人也不能自持，只有萧何径入府库收取户籍档案及律令图册，掌握了第一手历史资料，为平定和治理天下打下了重要基础。但是，萧何这样的远见卓识之士太少了。清亡后，内阁大库所藏文书档案散出，教育部将8 000麻袋约15万斤档案以银洋4 000元卖给北京同懋增纸店作造纸原料，罗振玉得知后以12 000大洋购回，因财力不支，将档案以16 000大洋转卖给前清驻日公使李盛铎，李又将这部分档案以18 000大洋转卖给中央研究院历史语言研究所，此时档案只剩下约10万斤。抗战前夕，历史语言研究所将部分档案携至南京，几经周折，又迁到台湾。剩下的大约5万斤，约1 700麻袋，成为中国第一历史档案馆财产。

我有时想，被誉为20世纪中国文化五大发现的安阳甲骨、敦煌遗书、居延汉简、明清档案和徽州文书，前四种已不可得。只有文书，我们今日不仅可以收藏到徽州文书，而且可以收藏到云南、福建、山西乃至东北等地的大量清代文书，这不正是历史给我们这一代人的最佳馈赠吗?

除了价格低廉，容易收藏以外，文书收藏有三个特别重大的意义：第一，文书具有极高的历史文献价值，它传达给我们的历史信息远非艺术品和工艺品可比；第二，文书是最真实的历史，它的可靠性远非史书可比；第三，每一件文书都是独一无二的，它的不可替代性远非图书可比。然而，令人遗憾的是，它的珍贵性并没有引起我们的足够重视，在对待中国历代文书的重视和保护方面，我们甚至不如欧美和日本。不过，从收藏的角度看，它又给我们提供了很好的切入点和足够的空间。为了集中力量，也为了便于研究，我将我的文书收藏作了纵向和横向两个范围的限制。从纵向时间上，将其限定在清代，这是因为清代是中国最后一个传统社会，它在性质上和以前的社会是完全一样的，而清代距离我们最近，遗留下来的文书数量最多，今天仍然可以收藏到清代所有朝代的文书。在横向性质上，将其限定在法律的范围内，使收藏与我的专业有了直接关联。当然，我是在广义上使用法律概念的。

其实，即使仅就存世量来说，清代文书也并不比同时代的书画或瓷器多。著名版画家古元的名作《烧毁旧地契》，表现的正是翻身农民将旧地契投进火海的欢快场面。只是因为文书并不是传统的收藏项目，才可能仍有一部分幸存于民间。直到那个人们曾经熟悉的传统社会离我们渐行渐远，已经变得无法辨识的时候，它的重要性才逐渐凸显出来。但是，可以预料的是，随着城市化进程的加快，这些蛰伏在老房子中看起来没什么用场的“故纸”、“废纸”，也将会越来越少。

有意思的是，收藏近十年瓷器，也没捡过什么漏，倒是错失了不少机会，留下的尽是遗憾。而收藏文书不久，就让我捡了个大漏，其经历颇为传奇。

那是个周末，我和报国寺一个经营文书的店主约好去买他一件文书。门锁着，人还没来，给他打了个电话，说十分钟就到。等人的功夫，顺便在院内地摊上看看。其实刚来时已经在地摊上溜达了一圈，并未发现有价值的东西。转到一个已看过的摊位上，闲极无聊，随口问道：“有文书吗？”摊主说：“有件门牌，在包里放着。”我说：“拿出来看看”，一边还好奇地问：“为什么不摆出来？”摊主嘟囔着说了一句莫名其妙的话：“我还要看人哩！”接过来打开一看，我就愣了一下，原来是件太平天国的门牌。我知道是件稀罕东西，但当时对它的价值并不十分清楚。一边看一边问：“多少钱？”“300元”，摊主回答。这时我已确定是件真品，但得还下价：“200元怎么样？”“有人出270元我都没卖。”我还想再还还价，周围已经围了一圈人。一回头，我看见了一双眼睛，这是一双令我终身难忘的眼睛，眼神中充满着焦虑、贪婪、期待、渴望等混合欲望的、犹如饿狼一般的眼神，仿佛只要我把文书一放下，他就会像饿虎扑食一样一头扑上来。我禁不住心里哆嗦了一下，连说：“成交、成交”，扔下300元钱，拿了门牌就走。

这时店主也开门了，他是北京经营文书类最有名的古董商。一进门，我随口说了一句：“就等你这十分钟，还买了件东西”。“让我看看”，他说。我将门牌递给他，他漫不经心地打开。忽然，我感觉他像被人施了魔法一样，举着门牌站那儿不会动了，脸刷地一下白了，说话也结巴了：“你……你这东西在哪儿买的？”“就等你这会儿在地摊上买的呀。”“多……多少钱？”“300元”，我据实相告。“这样吧，我店里的东西你随便挑，我和你换，怎么样？”他先提出了第一个要求。“不换”，我不紧不慢地说。“那，我出高价买！”他又提出了第二个要求。“不卖。我收藏为了研究，从来不卖藏品。”

一个月后，还是报国寺，我和另一个经营文书的摊主闲聊，无意间说了句：“报国寺还真有好东西，上个月我刚买了件太平天国的门牌。”摊主立即警告我：“你可得注意，太平天国的文书尽是假的，太平天国被清朝镇压后，谁敢私藏太平天国的东西，满门抄斩！”因为心里有底，我淡然地回了句：“我那件是真的。”话音刚落，脑后忽有一个声音接道：“是真的，那天我就在他身后。”一回头，天呀，正是那个有着饿狼一般眼神的人！说完这话，他转身消失在茫茫人流之中。摊主看了一眼他的背影，意味深长地说：“他在报国寺开铺子经营文书十几年了，他说是真的一定是真的。”

如今，收藏清代法律文书已经十余年了。几乎就在收藏第一批文书的同时，我就萌生了要在十年后写一本图文并茂的介绍清代法律文书书籍的念头，打算将这些清代法律史上最鲜活的第一手资料介绍给读者，以供进一步研究。这次挑选出92件清代法律文书，附8件民国时期法律文书，共100件，名之为《故纸遗律》，亦有尝一脔肉，或可知一镬之味的期许。

我知道有些法律史学者，正在或已经研究清代的法律文书档案，尤其在判词和诉状的研究上，成就斐然。但是，我和他们有很大的不同。

首先，大多数法律史学者的研究借助档案馆的资料，无须判断资料的真伪。而我的研究和收藏融为一体，文书的真与伪是我必须首要解决的问题。

可以说，在我着手文书收藏的时候，文书市场基本没有赝品。现在，虽然文书收藏仍然属于冷门、偏门，但是，随着经济价值的提高和收藏群体的增大，文书市场上的赝品逐渐增多，造假手段也越来越高明。目前文书造假主要集中在三个领域：一是年代较早的文书，如明代早期洪武、永乐时期文书，无论市场所见，还是藏家所藏，真品少见；二是老北京、老字号文书，伪造者甚多；三是稀有文书，如太平天国各种文书、吉林将军火票等，市场所见基本都是假的。还有一种凭空臆造文书，如所谓的“娼妇从良执照”。一般文书也有赝品，不过，从整体来说，文书市场的真品率远高于其他任何一种收藏品。

判断一件文书的真伪，应从纸张、墨色、字迹、内容、用印等方面综合分析。赝品往往存在纸张染色作旧、墨色混浊、字迹生硬、内容错误、用印不合规范的问题。有的仿品干脆使用电脑字体。有的纸张、墨色、字迹、印章仿得还可以，但内容上的错误却非常低级。例如现在市场上的假“吉林将军火票”，将主文后的“右票仰经过驿站准此”错为“右棠仰经过驿站准此”，读来让人感觉莫名其妙。文书如有标朱，则又多一层鉴别的依据。清人的毛笔书写水平远远高于今人，不要说写得工细一类，即粗头乱服者，也与今人书写习气不同。标朱系衙门书吏中的朱笔所为，纯熟至极，于洒脱随意中见功夫，更非今人能及。而且，标朱所用的朱砂墨也与造假者所用的低级红墨水差别甚大。

其次，由于借助档案资料，大多数法律史研究者的研究对象往往局限于一地，如四川巴县档案，台湾淡新档案，而我收藏和研究的文书范围则遍及全国。我所理解的法律概念也和大多数法律史研究者不同。他们所理解的法律文书基本局限于诉状和判词，我所理解的法律文书范围则广泛得多：既包括司法诉讼文书，也包括大量日常生活中的法律文书；既涉及户婚田土钱债，也涉及礼吏兵刑讼狱。也许有人会问，那些地契之类的文书也能称为法律文书吗？我的回答是肯定的。只要我们承认清代习惯法不仅存在并且在相当大的范围内影响着社会和人们的生活，我们就无法否认地契的法律性质，也就是说，它不仅仅是一件契约，它其实也就是一件契约性法律文书。事实上，清代地契是研究清代习惯法最为重要的法律文书。由于中国传统社会是农业社会，所以，有关土地类的法律文书在本书中占有相当大的篇幅。

最后，大多数法律史研究者关注的重点是文书内容，而不是文书的形式要件。我和他们正好相反，首先关注和研究的是文书的形式要件，内容则为次要。这同样是由我的研究和收藏融为一体所决定的。那些在研究中经常被忽视的形式要件，在当时人们的生活中不过是基本常识，但是，今天专门的法律史研究者往往也会犯理解上的错误。

每当回想起30年前那令人昏昏欲睡的中国法制史课，我都会为之深深地叹息一声。我不知道那些抽象的事件、意义以及已经完全僵死与现实毫无关系的制度能吸引多少年轻人的目光。我想，如果有一天在讲到某个朝代的法律制度时，授课老师能随手拿出一件反映那个时代法律制度的实物或者文书，退一步讲，哪怕那些干巴巴的教材上能够配上一些这方面的照片或者插图，受益者又岂止仅仅是学习的一方呢?

收藏本为雅事。将收藏与研究融为一体，是我推崇并努力追求的更高理想境界。我们正处于一个新旧交汇的路口。一方面，传统的收藏理念和方式正在逝去，市场化浪潮汹涌澎湃，投资、投机行为充斥其间。另一方面，收藏领域和陈列方式发生了深刻变化，藏品和收藏的职业化分类现象出现，或将成为今后的发展趋势。在这种情形下，我不知道法律文物或法律博物馆概念的提出是不是恰如其分？如果这样的概念成立，并且未来有人将其付诸实施，清代法律文书不过是其中的一个部分。

信牌

拘提人犯　催督公事

信牌是清代府、州、县衙门为拘提人犯、催督公事而制作颁发的文书。

《清律》“信牌”条：“凡府、州、县置立信牌，量地远近，定立程限，随事销缴。违者，一日笞一十，每一日加一等，罪止笞四十。”《清律》对信牌的使用、上缴、销毁均作了严格规定。如遇催办事务而不用信牌，也要处以“杖一百”的刑罚。

由于法律对信牌的使用有严格规定，清代地方政府在处理与之相关的公务时，也大量使用信票。信票与信牌的使用既有交叉，又有不同。其一，信牌一般是府、州、县的正堂使用，信票则不仅正堂可用，专门负责某项事务的佐杂官员也可以使用；其二，按照法律规定，信牌只限于“拘提人犯、催督公事”，信票则除此之外，还包括与之相关的其他公务；其二，正因为使用者有所不同，信票常见钤关防印，信牌则一般钤正印。在实际使用时，二者有时并无严格区分，所以民间常将“牌票”并称。

清代文书依据受文对象的等级，分为上行文、下行文、平行文三种。三种不同的文书在程式、用语、标记等方面有很大的区别。

信牌（信票）是典型的下行文。

下行文最重要的标志是标朱。标朱就是在文书的某个位置，用朱笔作特定标记或书写某些字句。标朱的作用：一是显示上级衙门的权威；二是提示文书的重点或要点；三是防止在文书上作弊。清代用朱笔书写文书是权力的象征，因此标朱只能用于下行文，不能用于上行文和平行文。在某些关键词语上用朱笔圈点是为了给受文者提示重点或要点，以便对文书的要求一目了然。文尾空白处以朱笔草书“遵”、“行”等字，既表示全文结束，也是命令，同时还是为了防止在空白处填补作弊。

清代文书使用印信非常严格和讲究。官署衙门印信按等级分为印、关防、钤记、图记等。印为正方形，早期多为满汉合璧。关防、钤记为长方形。图记形状各异。文书何处用印，何处用关防，何处用钤记、图记，均有严格规定。用印位置也很讲究，有“骑年盖月”之说。

本书所收《乾隆四年信牌》（图1），系赵州正堂差人查明原告所控被霸种三块耕地的事实，是为催督公事。文书边框饰以云鹤纹。采用下行文书通行标朱规范：在“为”字右肩上点朱，重点语句上用朱笔划圈，“右牌仰干证恒然等准此”上划一朱直，朱笔填写日期，文尾用朱笔写一草书“行”字。官印钤盖位置在“乾隆”之下，骑于“四年”之上，是标准的“骑年盖月”。

《道光六年信票》（图2）系忻州右堂因有人控告盗典地亩所颁发的文书，类似现在的传唤证。这纸文书将原告、被告、证人一并传来，每人名上均用朱笔标点，且用朱笔写一“速”字，以表示公文的紧急程度。右堂是负责督捕的佐杂官员，所以用关防印。

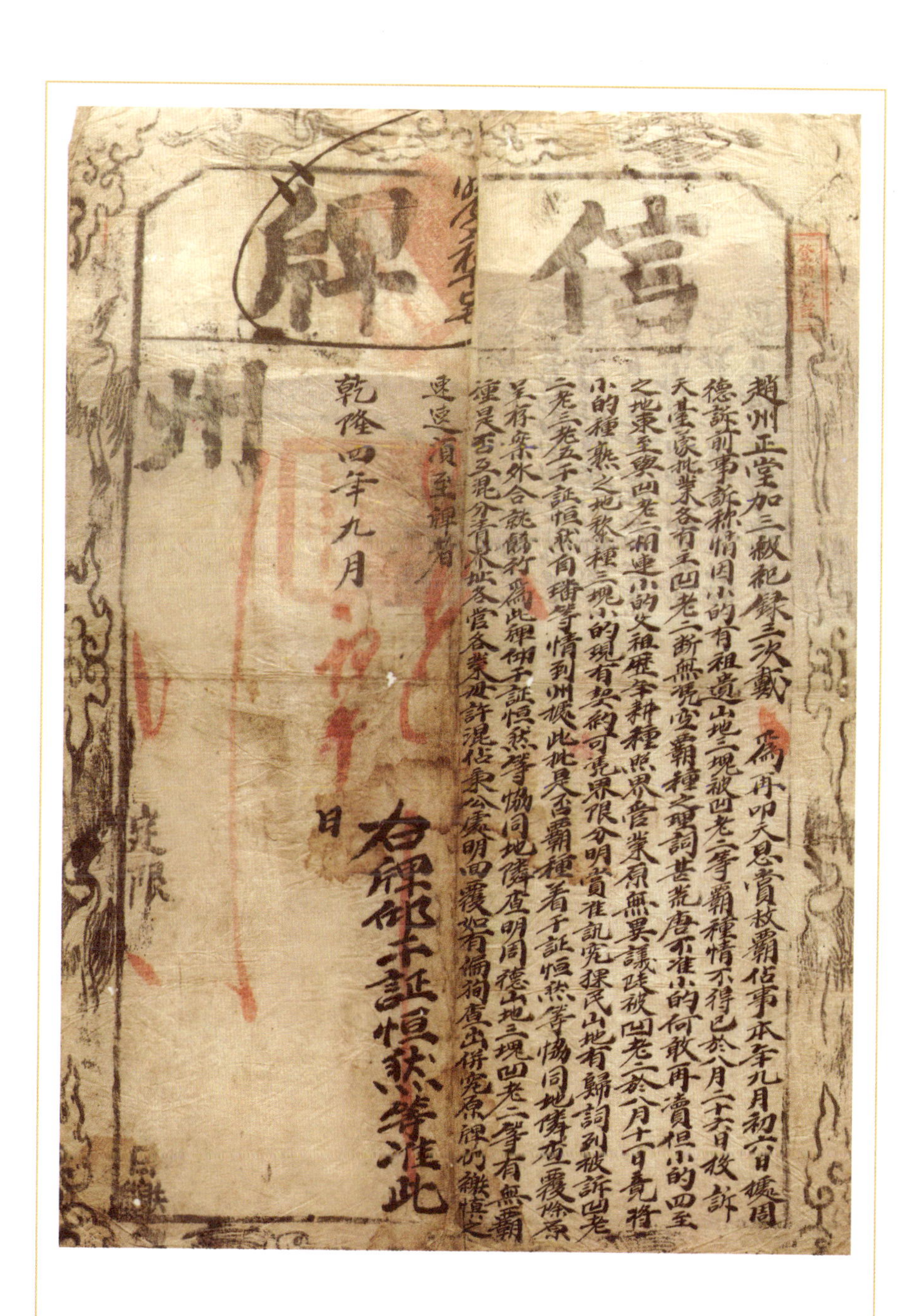

信牌

趙州正堂加三級紀錄三次戴 為再叩天恩賞枝霸佔事本年九月初六日據周
德許前事訴稱情因小的有祖遺山地三塊被四老二等霸種情不得已於八月二十六日投許
天基家批業各有主四老二斷無混空霸種之理詞甚荒唐不准小的何敢再瀆但小的四至
之地東至與四老二相連小的父祖歷年耕種照界管業原無異議陡被四老二於八月十一日竟將
小的種熟之地秋黎種三塊小的現有契約可憑界限分明實在訛究猓民山地有歸詞列被許四老
二老三老五于証恒然向璠等情到州據此批是否霸種着于証恒然等協同地鄰查覆除示
呈存案外合就飭行為此牌仰于証恒然等協同地鄰查明周德山地三塊四老二等有無霸
種是否互混分清界址各管各業毋許混佔秉公處明回覆如有偏徇查出併究原牌仍繳慎之

右牌仰于証恒然等准此

乾隆四年九月 日

速速須至牌者

州

（图1）乾隆四年信牌

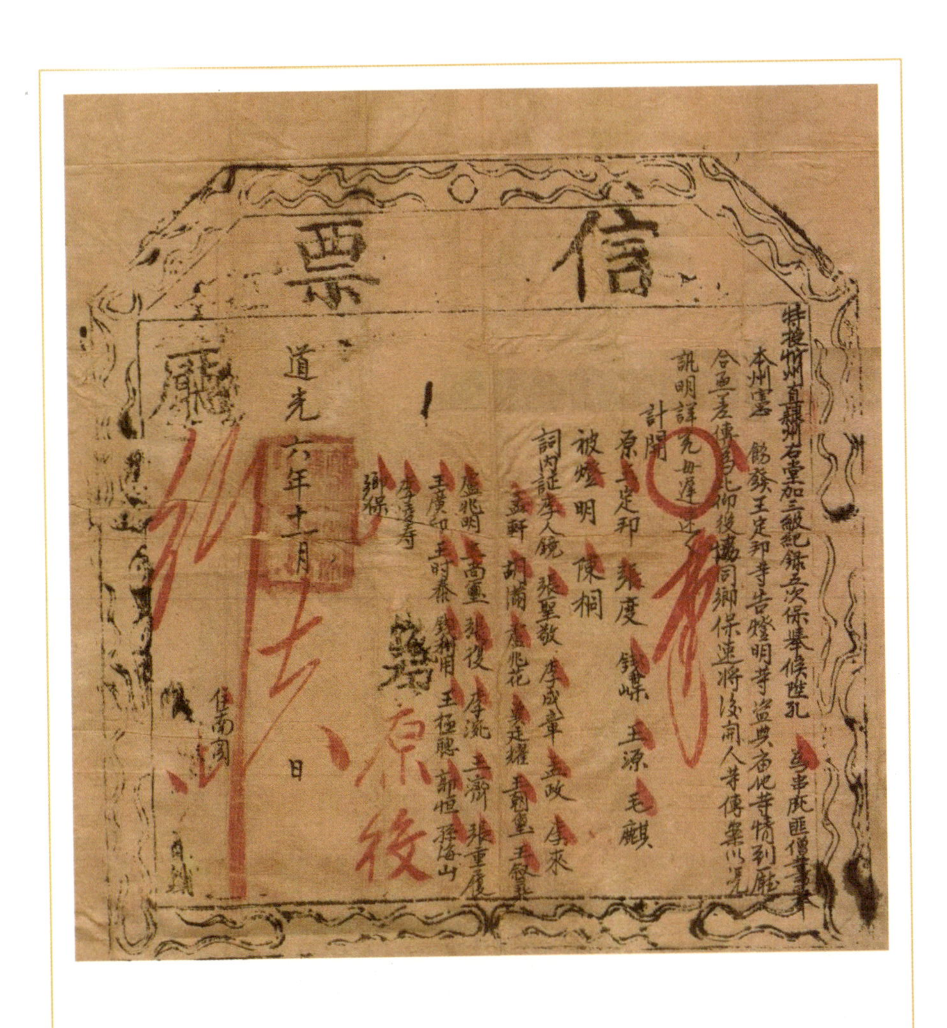

信票

特授忻州直隸州右堂加三級紀錄五次保舉候陞孔
本州憲 飭發王定邦等告燈明等盜典廟地等情到廳
合亟差傳。爲此仰役協同鄉保速將後開人等傳案以憑
訊明詳究，毋得遲延。
計開
原 王定邦 秦度 錢嵘 王源 毛麒
被 燈明 陳桐
詞內証 李人鏡 張聖敬 李成章 王政 李來
孟軒 胡滿 盧兆花 吳廷耀 王朝璽
盧兆明 王尚璽 張俊 李洸 王瀞 張重慶
王廣印 王时泰 錢利用 王極聰 郭恒 孫海山
鄉保 李凌壽
道光六年十一月 日
廳

（图2）道光六年信票

门牌

悬挂门首 保甲稽查

清代门牌并不是今人所熟悉的门牌号码。它虽然也悬挂粘贴于户首，但它是纸质的，每年一换，有人口户册的作用。更重要的是，它和保甲制度紧密相连。

中国保甲制度起源甚古，王安石在实行保甲法的札子中说："保甲之法，起于三代丘甲，管仲用之齐，子产用之郑，商君用之秦，仲长统言之汉，而非今日之立异也。"清代保甲制度是在全面继承明代保甲制度和里甲制度的基础上全面推行的一项旨在控制基层社会的制度。按照保甲法，无论城乡，每十户立一牌头，十牌立一甲头，十甲立一保长，户给印牌，书其姓名丁口，出则注其所往，入则稽其所来，如有不法犯罪行为，实行连坐。每户所发门牌，必须用板实贴，悬挂门首，每年年终更换一次。这一制度贯穿于清代始终。

本书选收十件门牌，从康熙二十七年至光绪二十二年，均为梯形，边框无纹饰，有印信。 值得注意的是，乾隆以前门牌首部均有大段文字严申保甲之法，并有标朱，乾隆以后门牌则少见标朱现象，反映了保甲制度从清中期以后由严厉逐渐趋向松懈的现实。

《康熙二十七年孝义县保甲一家牌》（图3）是山西孝义县颁发的门牌。梯形边框，标朱印信一应俱全，以朱笔标点并填写日期。康熙时期的门牌极为少见，这件门牌前半部分申饬保甲的文字占了整张门牌的一半以上，反映了清代早期对保甲制度的重视。

《雍正二年保甲门牌》（图4）是总督云贵部院及巡抚云南督察院颁发的门牌。梯形边框，标朱印信俱全，以朱笔标点、填写日期，牌尾朱笔画“行”字。

《雍正六年歙县户牌》（图5）是徽州府歙县颁发的门牌。梯形边框，标朱、印信俱全，以朱笔标点并填写日期。

《乾隆七年保甲门牌》（图6）是山西平遥县颁发的门牌。梯形边框，标朱、印信俱全。值得注意的是，乾隆初年的保甲门牌上出现了“来历不明”一词，和雍正时期常常使用的“面生可疑”等词有所变化。“来历不明”一词曾被曹雪芹用于《红楼梦》中对冷子兴的描述，可证《红楼梦》成书于乾隆初期。

《乾隆八年歙县门牌》（图7）是徽州府歙县颁发的门牌。梯形边框，标朱、印信俱全，以朱笔标点并填写日期。

《乾隆十年歙县门牌》（图8）是徽州府歙县颁发的门牌。梯形边框，标朱、印信俱全，以朱笔标点并填写日期。

《咸丰元年保甲户口门牌》（图9）较清代早期门牌发生很大变化。梯形边框，已无标朱和有关保甲的大段文字，并省略了颁发门牌的府州地方机构，只以朱笔填写日期，反映了这一时期政治、社会不稳定的状况。

《太平天国壬戌十二年门牌》（图10）是一件十分珍贵的历史文献。太平天国传世门牌极为罕见，它为我们提供了研究太平天国历史的第一手资料。这件太平天国门牌保存十分完好，梯形边框，后押太平天国长方大印。值得注意的是，太平天国有相当一部分门牌采用了这种复线边框的刻印方式。

《同治十年保甲一家门牌》（图11）是婺源县颁发的门牌。梯形边框，有印信无标朱。申饬保甲的文字和清初相比已极为简略，反映了保甲制度在清末逐步走向没落的现实。

《光绪二十二年烟户门牌》（图12）是云南蒙化府颁发的门牌，无标朱，钤盖长方形关防印。所谓“烟户”，就是人户。按照《清会典》的解释：“正天下之户籍，凡各省诸色人户，有司察其数而岁报于部，曰烟户。”

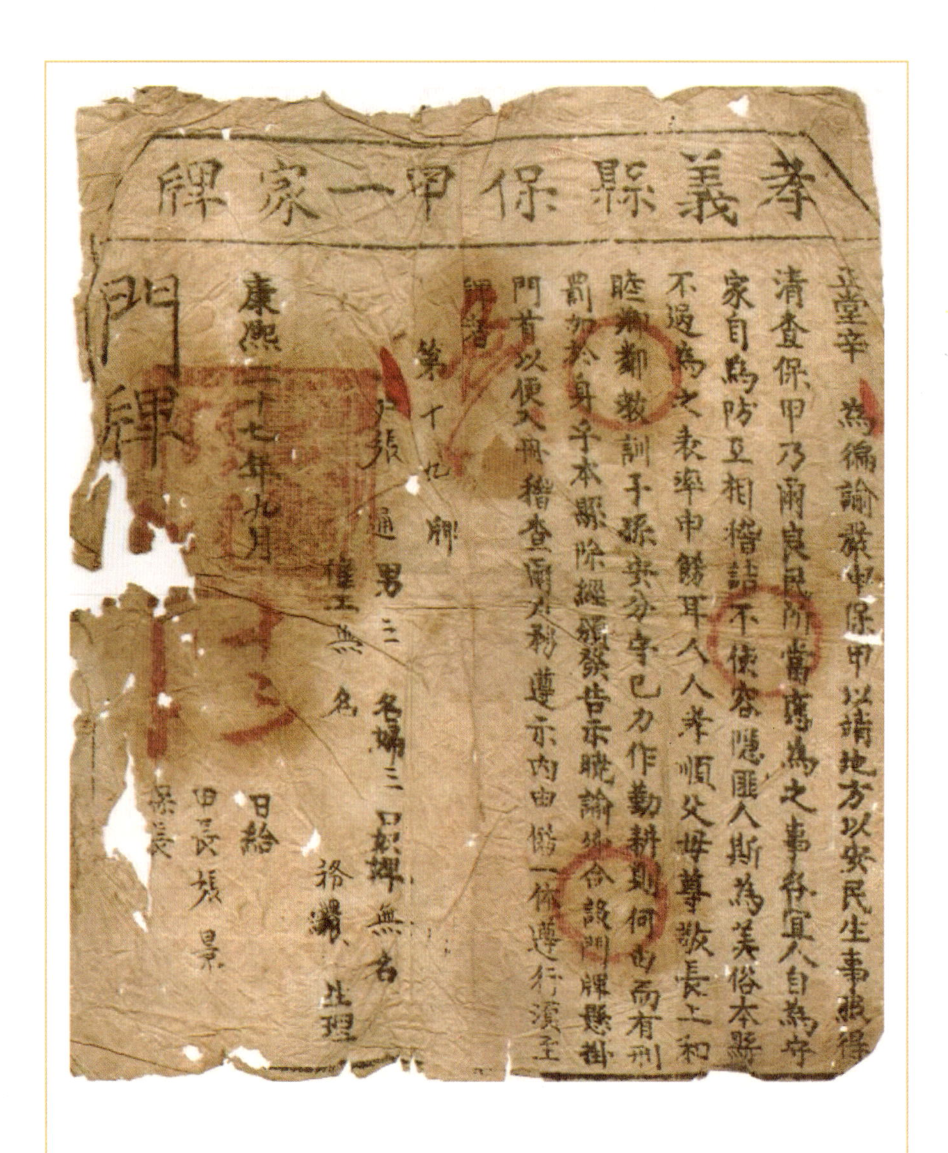

孝義縣保甲一家牌

本堂辛 為編諭發甲保甲以靖地方以安民生事照得
清查保甲乃爾良民所當爲之事務宜人自爲守
家自爲防互相稽詰不使容隱匪人斯爲美俗本縣
不過爲之表率申飭耳人人孝順父母尊敬長上和
睦鄉鄰教訓子孫安分守己力作勤耕則何由而有刑
罰加於身乎本縣除經頒發告示曉諭外合設門牌懸掛
門首以便不時稽查爾等務遵示內由條一体遵行須至
牌者

第十九牌

戶張通 男三名 婦三口 犯牌無名

僱工無名 務農 生理

康熙二十七年九月 日給

甲長張景

保長

門牌

（图3）康熙二十七年孝义县保甲一家牌

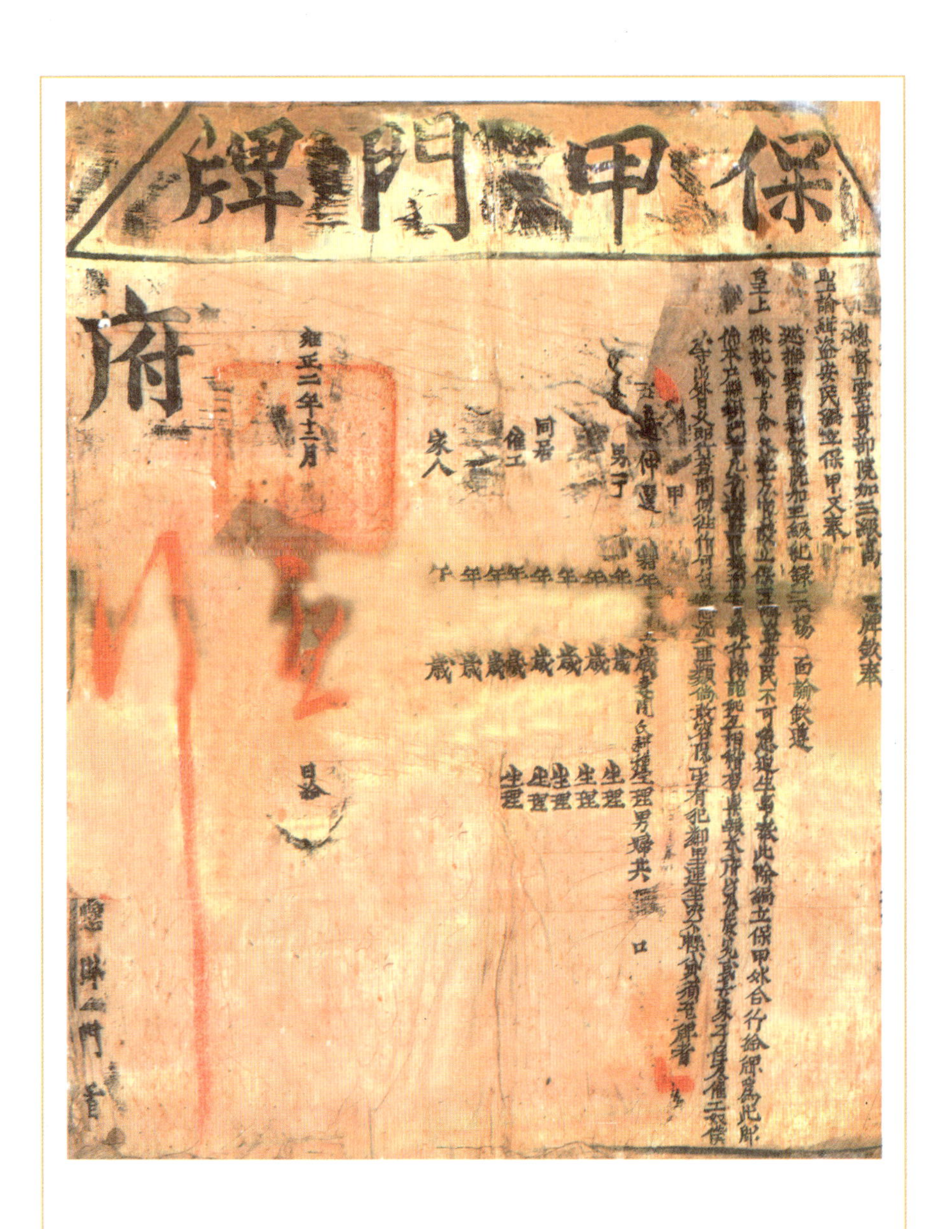

保甲門牌

府

雍正二年十二月

男子

同居

僱工

家人

年 年 年 年 年 年

歲 歲 歲 歲 歲 歲

生理 生理 生理 生理 生理

男婦共 口

日給

（图4）雍正二年保甲门牌

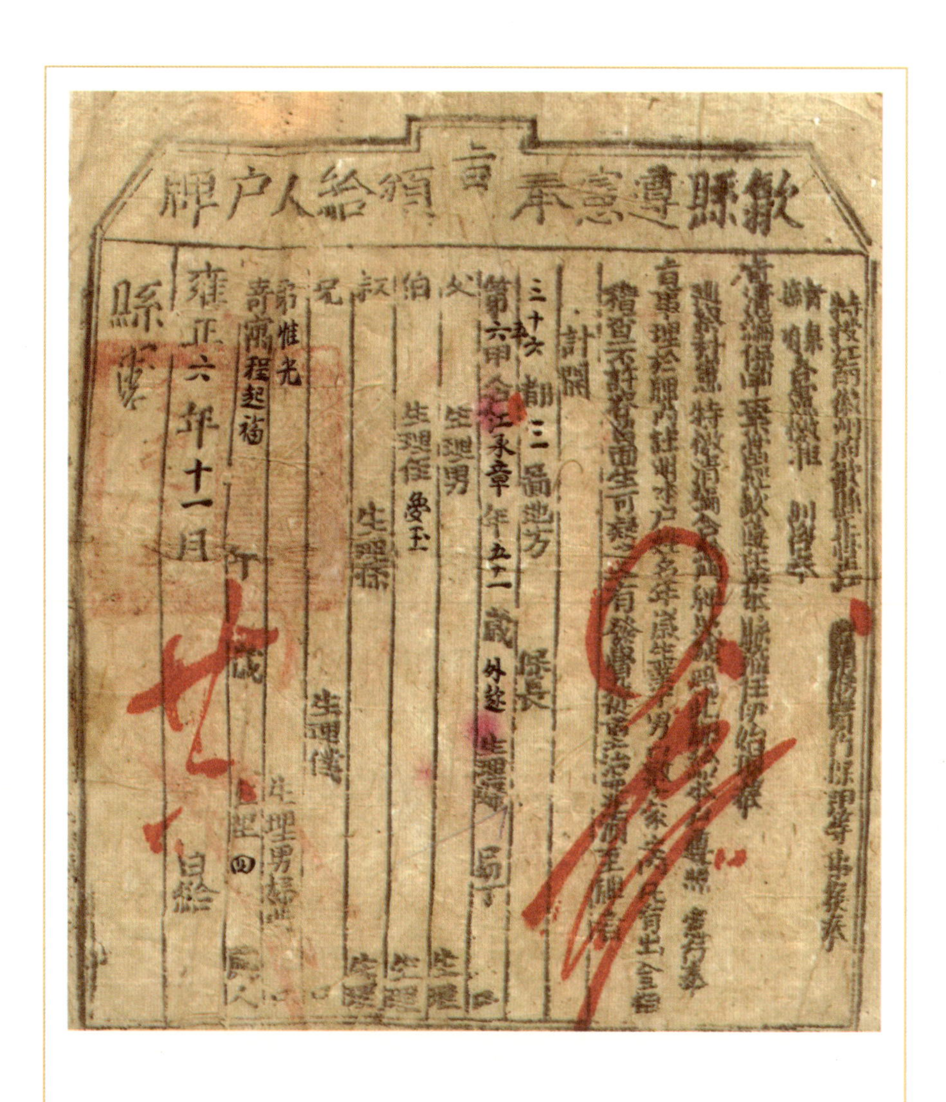

歙縣遵憲奉 旨頒給人户牌

計開

三十六都三圖地方 保長

第六甲 江承章 年五十一歲 外姓 生理

父 生理男

伯 生理侄 愛玉

叔 生孫

兄 生理僕

弟 惟光

寄 程起福

雍正六年十一月

縣

（图5）雍正六年歙县户牌

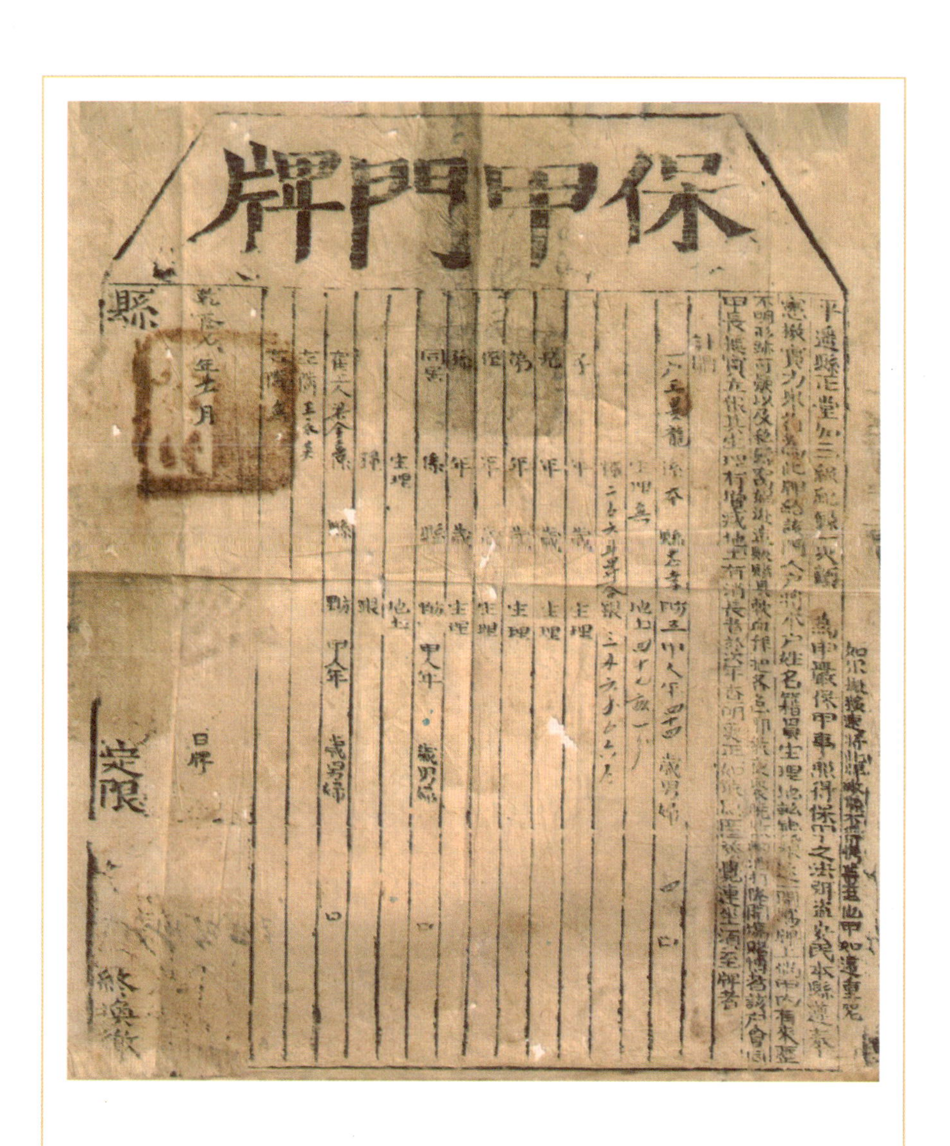

（图6）乾隆七年保甲门牌

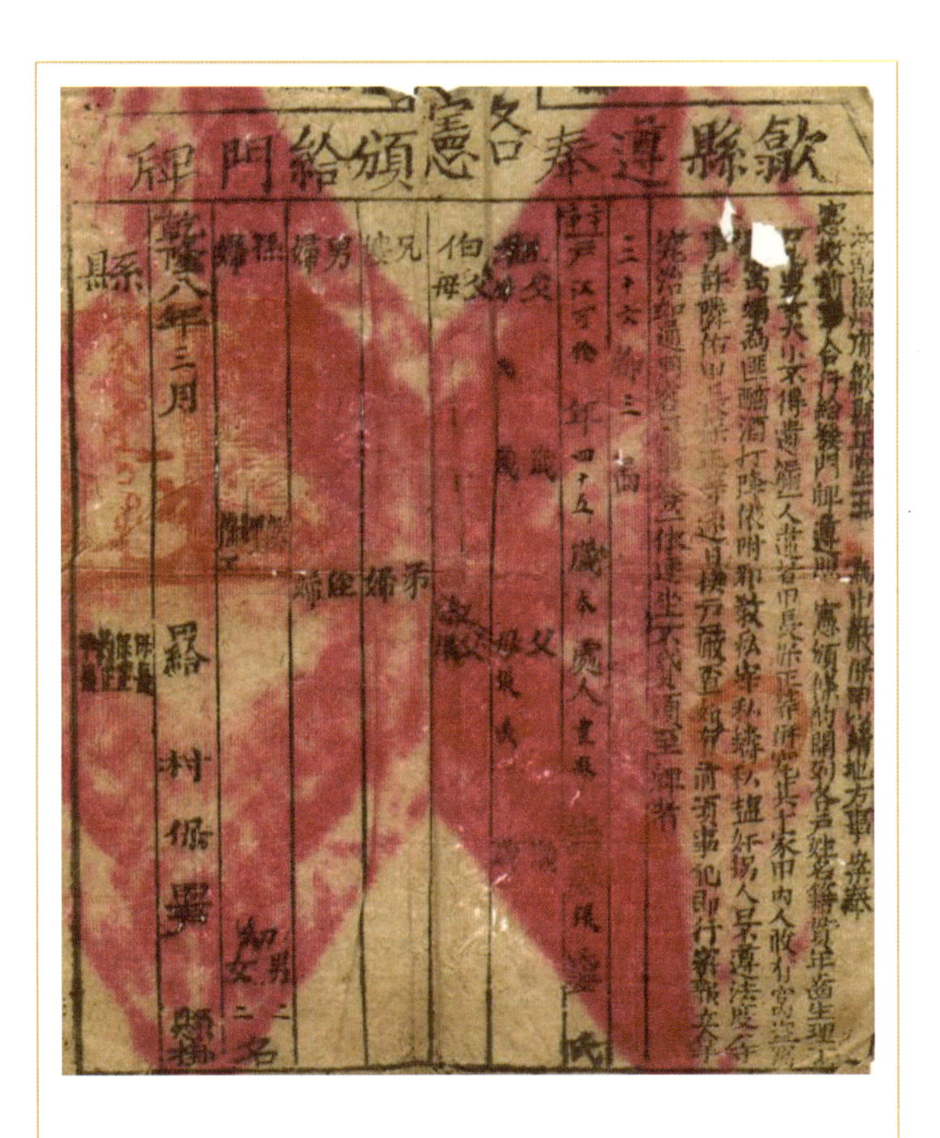

歙縣遵奉憲頒給門牌

乾隆八年三月

（图7）乾隆八年歙县门牌

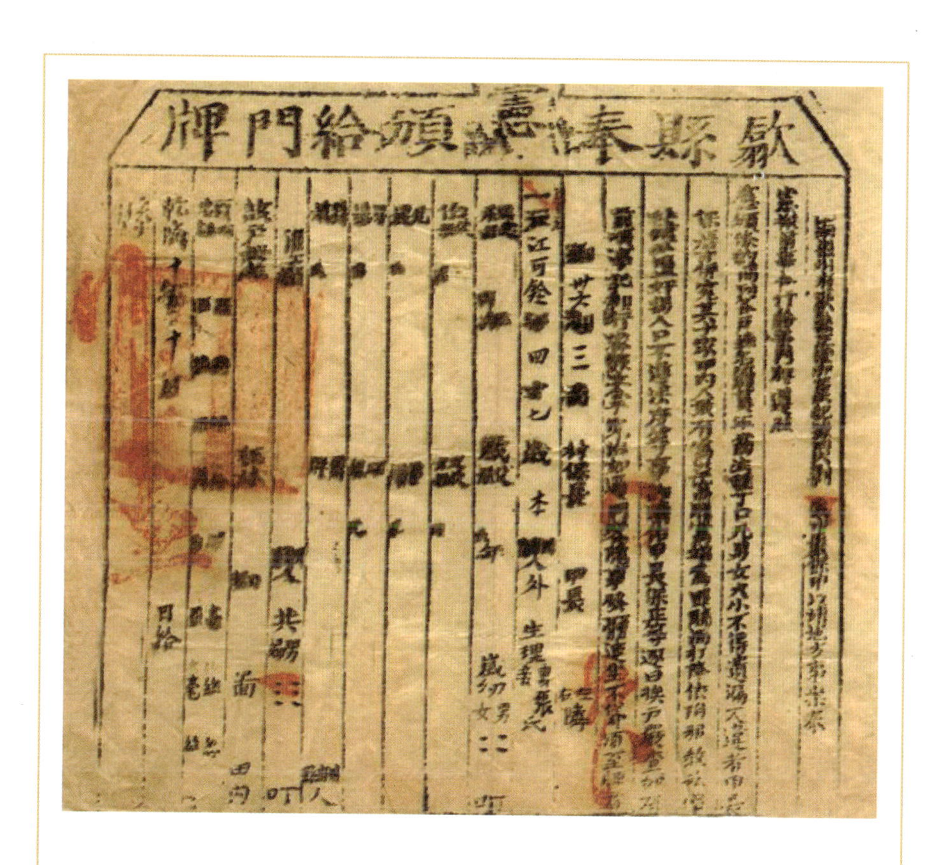

（图8）乾隆十年歙县门牌

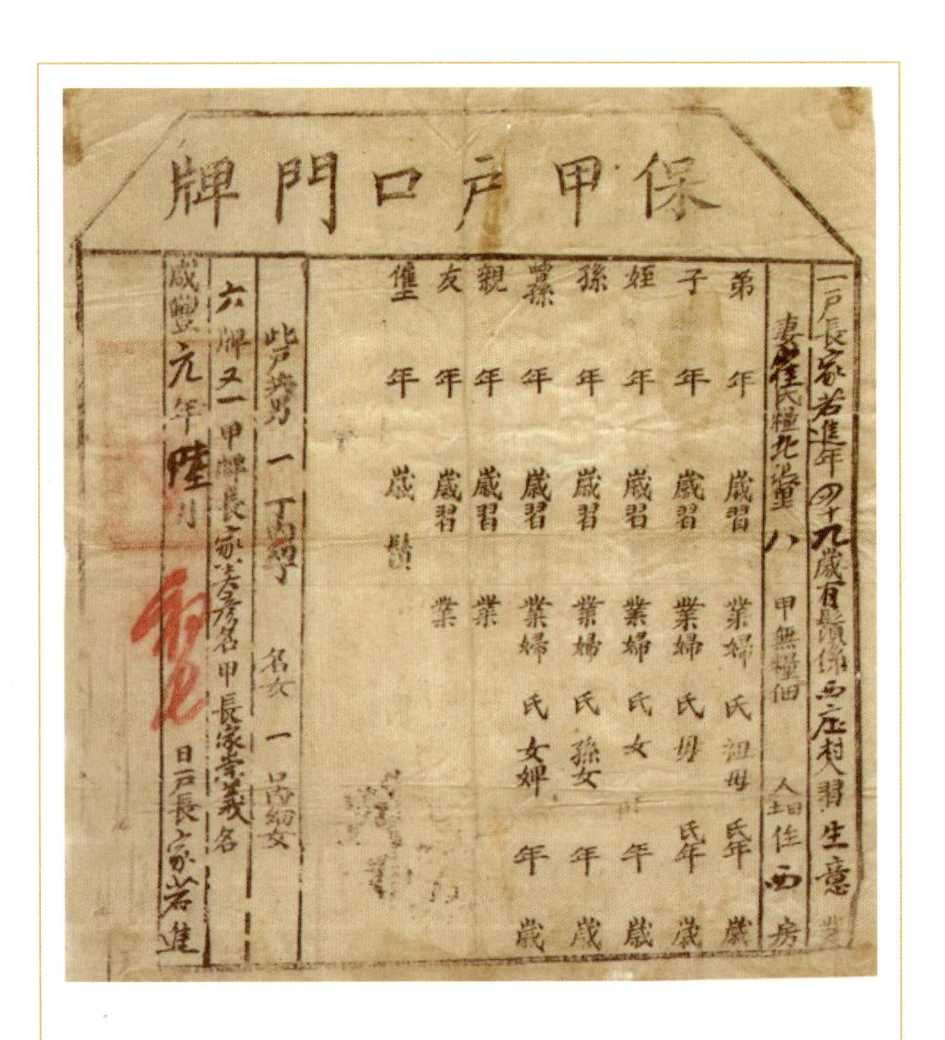
保甲戶口門牌

一戶長家若進年四十九歲有無頂係西庄村人習生意業

妻崔氏權九強八 甲無權佃 人口住西房

弟 年 歲習 業婦 氏祖母 氏年 歲

子 年 歲習 業婦 氏母 氏年 歲

姪 年 歲習 業婦 氏女 年 歲

孫 年 歲習 業婦 氏孫女 年 歲

曾孫 年 歲習 業婦 氏女婢 年 歲

親 年 歲習 業

友 年 歲習 業

傭 年 歲僱

此戶共男一丁 名女一 口幼女

六牌又一甲牌長家若秀名甲長家崇義名

咸豐元年陸月 日戶長家若進

（图9）咸丰元年保甲户口门牌

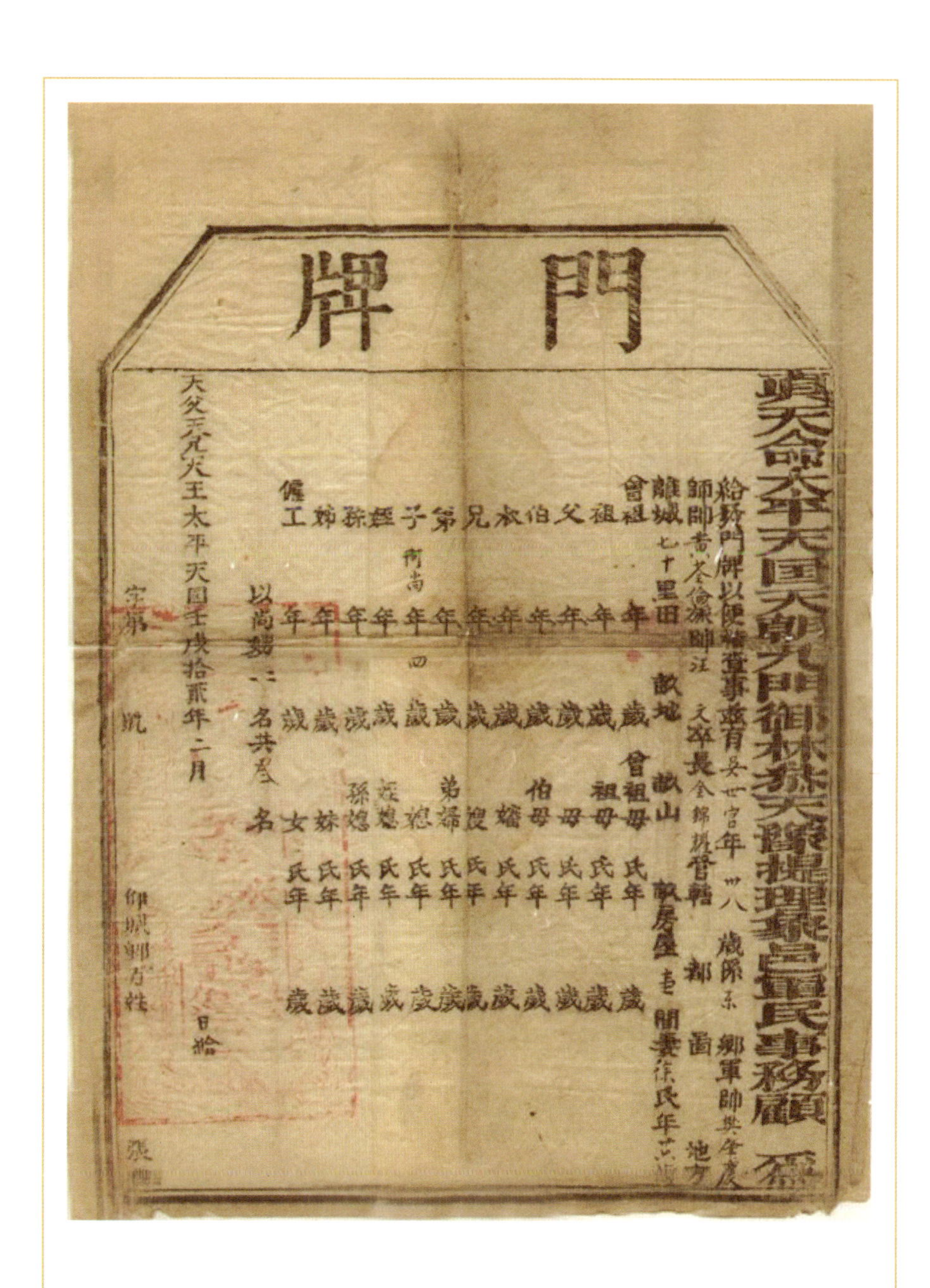

門牌

真天命太平天国……

給發門牌以便稽查事 茲有……

曾祖 祖 父 伯 叔 兄 弟 子 姪 孫 姊 工

年 歲

曾祖母 祖母 母 伯母 嬸 嫂 弟婦 媳 姪媳 孫媳 妹 女

氏年 歲

以尚……名共……名

天父天兄天王太平天国壬戌拾貳年二月 日給

（图10）太平天国壬戌十二年门牌

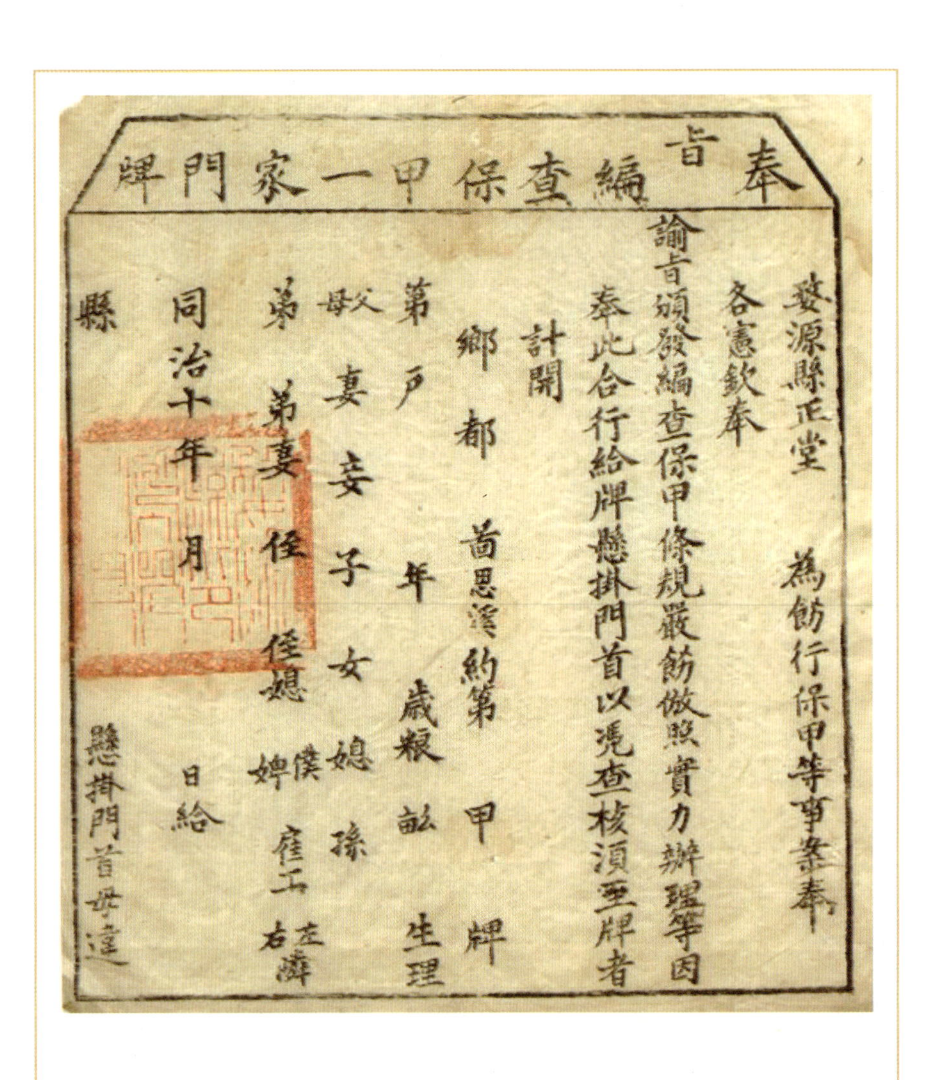

奉旨編查保甲一家門牌

婺源縣正堂　為飭行保甲等事案奉

各憲欽奉

諭旨頒發編查保甲條規嚴飭做照實力辦理等因

奉此合行給牌懸掛門首以凴查核須至牌者

計開

鄉　都　茴思溪約第　甲　牌

第　戶　年　歲粮　畝　生理

父母　妻　妾　子　女　媳　孫

弟　弟妻　侄　侄媳　僕婢　雇工　左右鄰

同治十年　月　日給

縣

懸掛門首毋違

（图11）同治十年保甲一家门牌

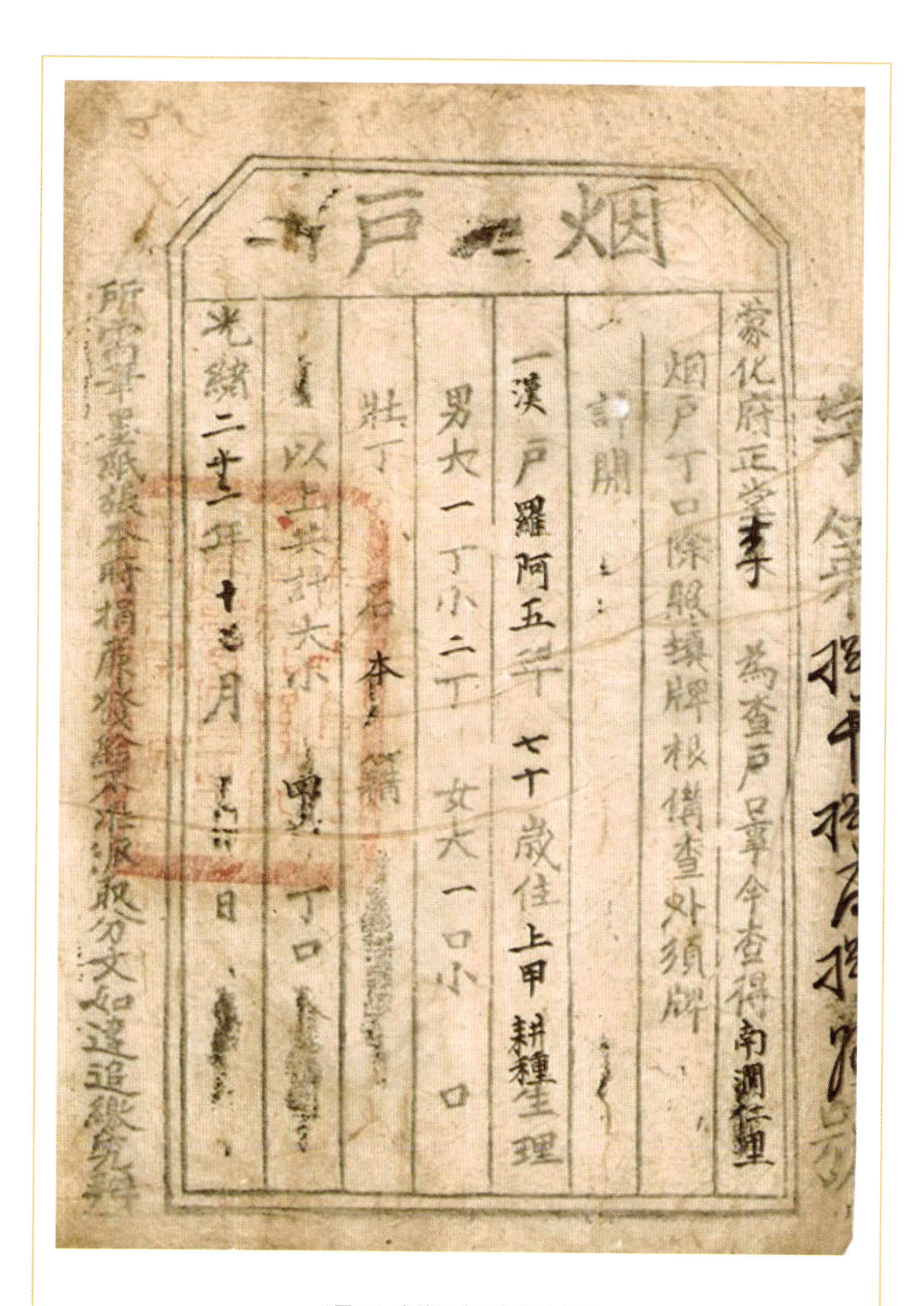
烟户

蒙化府正堂李　為查户口事今查得南澗[illegible]

烟户丁口除照填牌根備查外須牌

計開：

一漢户羅阿五年　七十歲住上甲　耕種生理

男大一丁小二丁　女大一口小　口

壯丁　名　本　籍

以上共計大小　丁口

光緒二十二年十[illegible]月　日

所需單墨紙張不時捐廉發給不准派取分文如違追繳究辦

（图12）光绪二十二年烟户门牌

分书

祖遗财产　均分诸子

分书，又叫阄书、分单等，它是将祖遗财产平均分与诸子的一种契约文书。

《清律》“别籍异财”条：“凡祖父母、父母在，子孙别立户籍，分异财产者，杖一百。”法律虽明令禁止，但祖父母、父母在时就分异财产的现象在民间却非常普遍。立法者大概也了解这种情况，所以在律后注明：“须祖父母、父母亲告，乃坐。”在条例中又专门规定：“其父母许令分析者，听。”

分书的结构大致如下：（1）讲明分产原因；（2）开列所分财产，往往大到房屋、土地，小至某个厕坑；（3）标明时间；（4）立分书人画押；（5）中见人画押。阄书的制作要讲究得多，但基本要素是一致的。

本书所收三件分书、一件阄书，大体反映了这类文书的状况。

《乾隆十四年分书》（图13）是兄弟四人奉母命将父遗房屋、地亩、器物分配的文书，有兄弟四人及中人签字画押。

《嘉庆六年分书》（图14）是刘姓兄弟三人均分祖业的文书，有兄弟三人及同中人签字画押。

《道光二十八年分书》（图15）是其母郝氏因年迈将祖遗房产均分二子的分书。这件分书中见人签字画押在前，没有兄弟二人签字画押，但有折叠骑缝书写“分书执照”四字，双方各执一份，以为验契。

《咸丰元年阄书》（图16）系与其侄二人均分祖遗产业的分书。经折装，首页“阄书”二字，整篇文字以端楷书写，文字格式恭整，开列内容详尽，是一件制作十分完美的“阄书”。

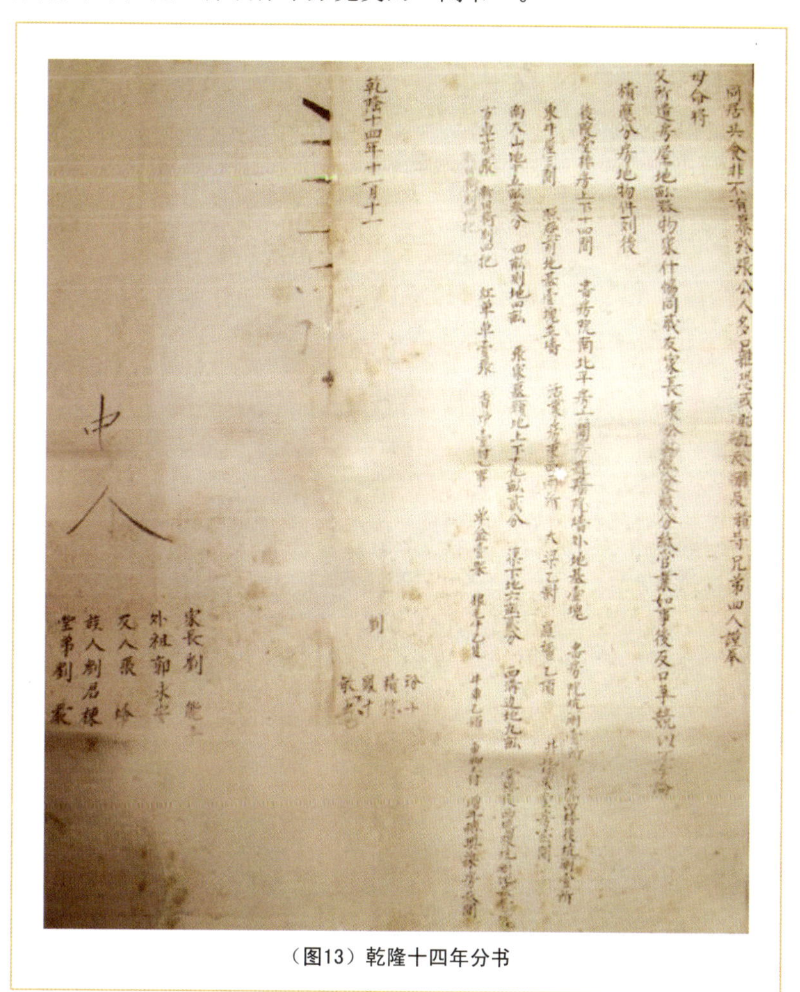
同居共食非不有累於張公人多 [illegible] 兄弟四人謹奉
母命將
父所遺房屋地畝器物家什傢伙同戚友家長 [illegible]
俱應分房地物件列後
後院堂舖房上下十四間 書房院南北平房 [illegible]
東井屋三間 [illegible]
南大山地十五畝叁分 四畝劉地四畝 張家園頭地上下九畝貳分 [illegible]
[illegible]
乾隆十四年十一月十一
中人
家長劉 [illegible]
外祖郭永 [illegible]
又人張 [illegible]
族人劉居棣
堂弟劉 [illegible]

（图13）乾隆十四年分书

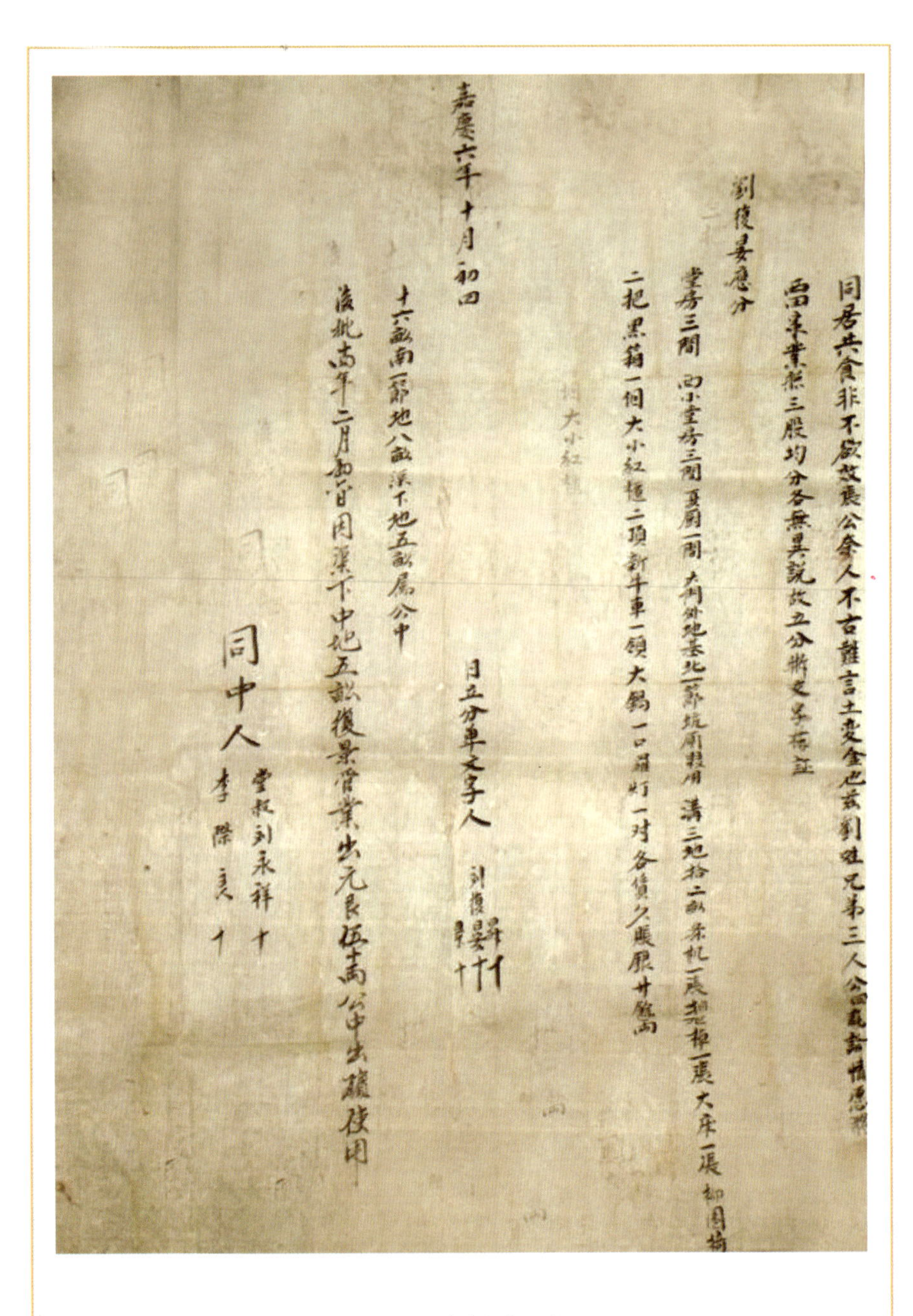

同居共食非不欲效張公余人不古難言土变金也兹劉姓兄弟三人公同商議情愿將

田禾業按三股均分各無異說故立分析文字存証

劉復晏應分

堂房三間 西小堂房三間 東厨一間 大門外地基北一節坑厕按用 溝三地拾二畝 条机一張 架棒一張 大床一張 如同椅

二把 黑箱一個 大小紅櫃二項 新牛車一輛 大鍋一口 鑞灯一对 各貨欠賬 限廿鍋面

日立分析文字人 劉復晏 十

嘉慶六年十月初四

十六畝南一節地八畝 渠下地五畝 属公中

後批 嘉年二月初日 因渠下中地五畝 復景管業 出元良伍十兩 公中出讓使用

同中人 堂叔 劉永祥 十 李際良 十

（图14）嘉庆六年分书

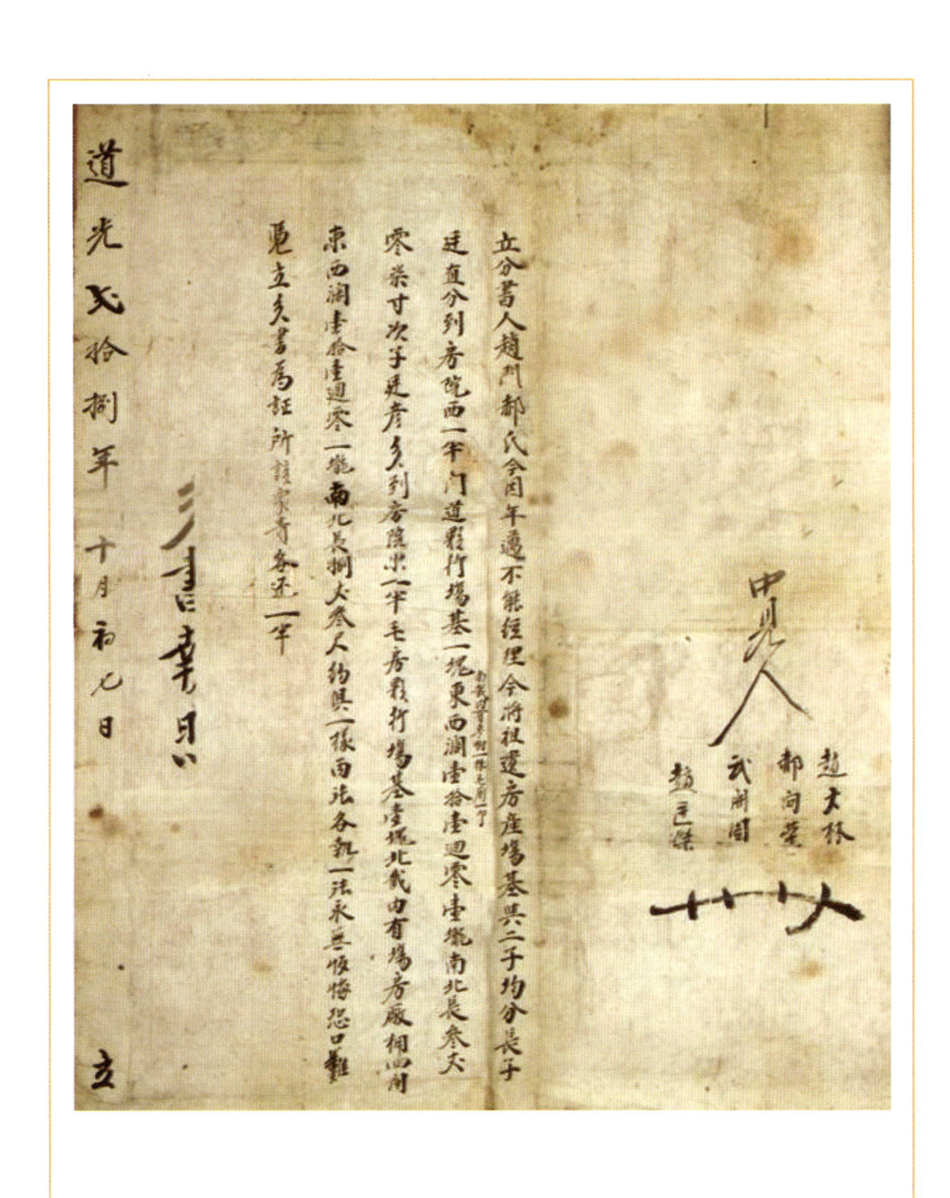
立分書人趙門郝氏今因年邁不能經理今將祖遺房產場基與二子均分長子
廷直分到房院西一半門道穀行場基一塊東西闊壹拾壹迴零壹塊南北長叁丈
零柒寸次子廷彥多分到房院東一半毛房穀行場基壹塊北截由有場房廠相西南
東西闊壹拾壹迴零一塊南北長捌丈叁尺人約具一樣兩張各執一張永無反悔恐口難
憑立分書為証 所該家者叁丞一半

中見人 趙大林 郝同堂 武用周 趙三傑

道光弍拾捌年 十月 初九日 立

（图15）道光二十八年分书

闔書

立闔書江大緒胞姪有琪蓋聞創守俱難業安不隳之日弟昆雖睦家
安不析之期余家自乾隆念弍年祖 宣公與里邑漁亭 鄭元臨公
在浙之蘭溪合開鼎豐醬園生意協力同心頗獲微利歷 父卢
公及緒兄弟迄今九十餘年其間店事盛衰筆難縷述 諫公生
子三長曰經次曰綸三曰緒綸不幸早夭經子琪留糊口於鼎豐
之半店一家衣食惠仰於中 父歿經緒皆幼鄭氏子亦在
沖齡其時店事已敗頹族凡 東綱毋舅 張景瑤盡心竭
力經理二十餘年轉敗為興兩姓基業恃以大
末年經生母歿緒生母素常有疾家務不能管理嗣後逐
年用度浩大致歷年虧欠于 道光念二年秋家內負欠各債追
本逼利專信蘭江趕緒回家計美兩仟數百餘仟文次年經緒手
將 祖置產業及坑口店屋作抵於人尚不能敷是時店本久空
轉運經营年年虧累念三年冬緒與凡在里已曾請到 親族
同議分析之事言而未果不料四冬 凡又去世目今家店兩空
緒寔難於肩任現空蘭店錢壹仟弍佰餘仟文加今歲安埜兩處
玫瑩並家務約空伍百餘仟文二共計空蘭店錢壹仟柒百餘仟文
今與姪琪商議惟有省儉家用補還店空但願生意順遂虧空
補清庶幾店業可撑家務亦順一家均有厚望為為此請
親房宗族將家事分析定立章程各免內顧之憂共守前人之
業且姪琪竟當少壯家務足可自持思先人創業之艱知自已
當家之苦勵志向前安知不可以成家立業乎今將屋宇產業
東公派搭均分議此分單各為永遠執照惟願分析之後人財
兵旺事業亨隆一門吉慶均與有榮矣恐口無憑立此闔
書永遠大發

計開

一議住屋係二人同屋後進左边地房壹步分興琪住右边地房壹步分
興緒住兩边過廂存衆公用楼上後堂左右房弍步並過廂楼所
分興琪住管前後堂前上堂過廂出入過道存衆二人公用前
堂楼上左右房兩步並過廂楼所分興緒住管後進住屋後之共
角分興緒作小厨房
一議祖遺老所老屋半堂楼下地房壹步坐分興琪作厨房二三層
楼房兩步前堂楼上左边房壹步並前後堂磚门三層楼所應管
一半于 道光二十一年典與 天慶再姪計典價錢壹百七拾六仟文
日後贖出之日贖價均派均分
一議上隔壁興文光姪合屋半堂楼上左边房壹步分興琪管楼
下左边地房壹步分興緒管及屋外门前墻院亦與文光姪
合業各半
一議下隔壁紫屋壹堂亦二人公用堆柴日後如能有力者再
行起造緣緒未有坭灶厨房另坐地基仍餘二人公用
一議照墻後菜地一大片並外边餘地糞窖兩隻均二人經管
一議坦頭興明渡姪合業地基壹塊現興 文彬種菜地該
祖二人均分
一議祖遺老屋左边楼下地房壹步楼上二三層房兩步現
係萬足堂弟居住中间楼上二三層房兩步于 道光二年
典與 先叔考起語計典錢價拾七仟五百文日後贖出之
日均二人經管後屋厨房地基又墒边荒地一片均存公
老分单上已有載明
一議祖遺下宅高墒菜地一大塊兩股均分
一議住東糞窖一隻並餘地存衆該祖兩股均分
一議祖遺後山墒上裡外菜地兩塊二股均分現祖周元道 周有貴 有枝姪 共計

閹書

咸豐五年十一月憑親族所有續存錢会項兩款一並歸与琪收訖执筆文洲押

咸豐元年十月　吉日立閹書　大緒　押
胞姪　有琪　押
房長　大雖　押
堂兄　大紳　押
堂弟　大幃　押
親房　大綬　押
文彬　押
文洲　押
族長　大洲　押
族姪　有誉　男鐸代押
有校　押
族再姪　文光　押
族再姪孫　宗誥　押
代筆　文洲　押

合立閹書兩本各執壹本永遠大發
因二房壹本兵災之日業已遭爛今將長房壹本經
琳手對抄全樣款式無改此照

立再議大緒仝姪有琪將因前首所該各帳款已載閹書今將
所押之豆租並存衆豆租二人均分豆租兩相酌議合賣豆租計
五担衆米卄歸款前帳仍餘錢若干另有帳单憑中均分
兩訖但有錢根亦輪流完納原有前款衆三姪之項未曾繳
還除合賣仍僅存坟山豆租四石壹斗四升各派均分列名以載

閹書爲憑

計閹各分租户

一議順寳　中元豆租叁斗七升
一議汪覌林嫂中元豆租叁斗七升
一議畢載書　中元豆租　叁斗
一議周大灶　中元豆租　四斗
一議劉福慶　中元水碓山豆租式斗叁升
一議胡喜梅　白鼻岑豆租叁斗五升
一議周元進　秀青姪後山菜地租四升
以上柒款計豆租貳石零七升分与緒管收

一議袁順德　中元豆租柒斗五升
一議周大灶　中元豆租　四斗
又　後山菜地租四升
一議江灶閃　中元豆租　八升
一議江有鈔　江村口豆租　壹斗
一議江六吉嫂江村口豆租式斗
一議萬足　後山山租　壹斗
一議文選姪　水碓山豆租　五升
一議胡喜梅　白鼻岑豆租叁斗五升
以上八款豆租貳石零七升分与琪管收

咸豐七年七月　日立再議　大緒　押
仝姪　有琪　押
憑中　大淦　押
大緯　押
文彬　押
代筆　文洲　押

（图16）咸丰元年阄书

继约

宗祧继承　立嗣承业

清代法律实行宗祧继承制度，如无子嗣，往往要订立继约，立嗣承业。立嗣的顺序是由近及远、由亲及疏。《清律》条例规定："无子者，许令同宗昭穆相当之承继。先尽同父周亲，次及大功、小功、缌麻。如俱无，方许择立远房及同姓为嗣。"乞养异姓义子，被视为变乱宗法，要处以"杖六十"的刑罚。

本书所收两件继约，可以管窥这类契约文书的大概内容和形式。《同治十三年继约》（图17）是因争继导致的立约，后有族长、中人及各位继子的签字。《光绪二十九年继约》（图18）用红纸并在契首书双喜字，可能与民间认为立继是喜庆吉祥之事有关。

蓋聞立繼多係要在合歡今因輝兄亡無嗣特族中擬撥到無次丁惟胞姪杞
書壹丁親族公論一子雙祧治喪寄服曾書妻子道嗣而另娶以在弍拾年
之久遠而與伊五服祖格誠因討單項起訟竟成爭繼又繼彼孫培倫奪繼
竊繼兩家各執究竟兩次皆未妥弍迄日輝母病故其勢又在起訟我等兩造
解勸大家公論竊思雙祧雖有成議然在立約承繼雖然立約未會周親但立繼之
說不獨為受用家產而在生養死葬寄服奉祀而已今杞書以子治喪服寄奉
祀以在三拾年之久雙祧雖云不然承繼已然立約人有堂親雖周親不知難言不諒今
兩嗣皆繼未為不可家產均分亦屬理當培倫承受現銀五伯兩杞書承受田地產
業寄項至伊祖母養老銀壹伯五拾兩田地叁拾弍畝培倫受地拾畝不管喪葬之費
杞書受地弍拾弍畝管理喪葬此乃族中公議鄉黨均許至公至當之策兩造親服親
歷之事至今而後各無異說倘再搆訟執此禀究恐後無憑立此為據壹樣兩
張各執壹張永遠存照

同治拾叁年七月十六日　立繼約人

[illegible]

族長張格奇
　　　秀　劉
在中　甲長劉錫恭
　　　書人趙鍾義

[illegible]

繼子杞書
　　培綸
　　培經
　　培端
仝証

（图17）同治十三年继约

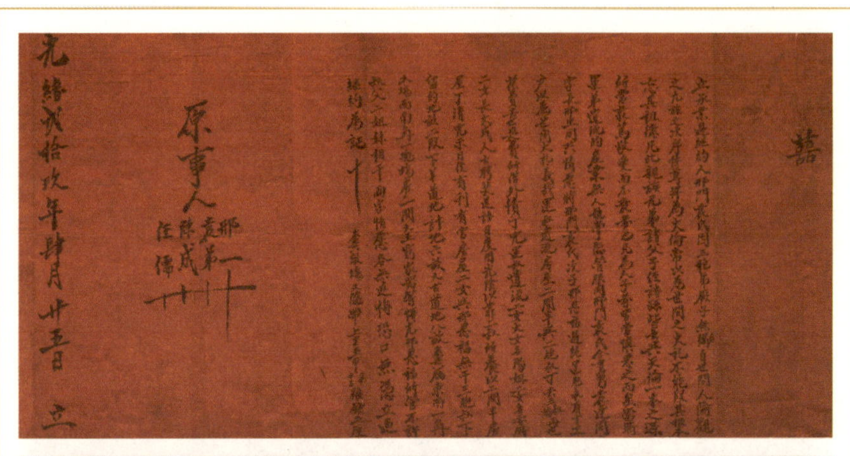

囍

立承業過繼約人邢門袁氏因三[illegible]房子無嗣自世間人倫綱
之九族之次序稱尊并為大倫常以為世間之大礼不能改其要本
也其祖德凡此親族兄弟諸父子侄諸孫皆出其天倫一本之源
所當敦篤[illegible]而不變者也凡為人子者當[illegible]慎[illegible]之而[illegible]當[illegible]
罪莫[illegible]流的產業無人執掌照管[illegible]邢門袁氏今[illegible]同
守長邢生同共情愿將邢門袁氏次子邢長福過繼[illegible]所有[illegible]
户以為世間大礼[illegible][illegible]近流房屋二間半共二[illegible][illegible][illegible]
[illegible][illegible]所借外債了完[illegible][illegible]道流之妻[illegible]女[illegible]陽娟二女[illegible]
二女長大成人出聘[illegible][illegible]日度用花費[illegible]二分所養以二間半房
屋丁清完[illegible]日後有利有害房屋二女與邢長福無干[illegible][illegible]
留的地[illegible]二段下[illegible]道地計地六畝[illegible]道地八畝[illegible]東南一[illegible]
大場西南[illegible]一塊場房一間[illegible][illegible]邢長福所[illegible]不許
叔父二姐妹相干兩家情愿各無返悔恐口無憑立過
繼約為記 十

原事人 邢袁氏 十 陈威 十 注儒 十

光緒貳拾玖年肆月廿五日 立

（图18）光绪二十九年继约

证照

农业社会　土地证明

包括票、单、执照、户管等文书，共十八件。将它们归为一类，并名为证照，是因为：第一，它们都和土地有关；第二，它们都具有某种证明力。

这么多的票证、单据，执照、户管，无一例外地与土地有关，的确是件不同寻常的事情，它反映了在一个传统的农业社会中，人们的日常生活和行为都离不开生养和哺育了他们的大地，人们与土地有着最为紧密和频繁的关系。

那么，它们究竟证明了什么？

《顺治九年清丈归户票》（图19）、《雍正八年丈量抽号归户清单》（图20）、《乾隆二年归户清单》（图22）都属于清丈归户类票据清单，它们被许多收藏者视为具有土地证明性质的文书，因而也被称为中国最早的“土地证”。不错，它们确实在一定程度上证明了土地的归属和所有者，但我认为这并不是它们证明的重点。重点是紧接其后总是被郑重其事强调的税收和税率。这一点从文书的形式要件也能得到有力的佐证。我们知道，清代文书印信图章的使用和位置都很有讲究，钤盖的位置当然是重点予以强调的部位。《顺治九年清丈归户票》（图19）并未使用官印，但两枚图章——其中一枚是图正汪继隆的钤记，均准确无误地盖在了税上。更有意思的是《雍正八年丈量抽号归户清单》（图20），使用了两枚一模一样的官印，一枚按规矩“骑年盖月”，另一枚则堂而皇之地盖在了税上。

《咸丰五年执业田单》（图29）、《光绪五年执照》（图30）、《光绪九年查单》（图31）其实质也是如此。它们看起来首先肯定的是业户的田产，但落脚点无一不在税收和税率上。《嘉庆十一年版串执照》（图25）、《嘉庆十六年甲户收照》（图26）、《光绪十年根票、十七年比销》（图32）则是直接开据的税收收据。

有时候，这一企图还可能在“便民”、“易知”名义的掩盖下实现。《乾隆五年分便民易知单》（图23）就是打着这一旗号征收赋税的。这哪里是“便民”，分明是扰民！但当时的老百姓和现在的收藏研究者，未必就那么“易知”这其中的奥妙。

当然，那些明目繁多的税票、税单、执照更是明白无误地证明着老百姓沉重的负担。《乾隆元年收税票、推税票、业户执照》（图21）是一件难得一见的三联票照，它的用印颇耐人寻味：一枚正印和三枚骑缝印均按规矩钤盖，三枚不知是图正还是业户的钤记则都准确无误地盖在了税上。由此不难推知这种三联票照到底证明的是什么。《乾隆五十二年业户收税单》（图24）也是一件颇为耐人寻味的单据，这枚小小的业户收税单上，竟然钤盖了五枚印信，既有官印，也有买卖双方的私印，还有经管图正吴锡沧的钤记，可证其在当时人们生活中的重要性。

《光绪二十五年上忙下忙执照》（图34）则是另一种典型的

征收钱粮的方式。《清律》“收粮违限”条规定：“凡收夏税，于五月十五日开仓，七月终齐足。秋粮，十月初一日开仓，十二月终齐足。”由于两次计征分别在上半年和下半年完成，所以又叫“上忙”、“下忙”。

承租土地则要按期交纳租金，《道光五年执照》（图27）、《道光七年交租执照》（图28）就是这方面的证明。《光绪十四年、十六年二十年隐志郡王府交租执照票》（图33），是承种王府地的佃户给庄园处的交租收据。

《宣统二年执照》（图35）和《宣统三年旗地户管》（图36）是两件颇具特色和时代背景的文书。《宣统二年执照》（图35）是时任东三省总督的徐世昌和任奉天巡抚的唐绍仪联合颁发的丈放官庄土地给承领人的执照，要求承领人不得“抗欠课赋”，典卖须照章交税。《宣统三年旗地户管》（图36）则是旗人购买同族土地完税后发给的新证明。东北地区涉及旗地的文书均印制精良，格式规范，清末也不例外，反映了旗人、旗产在当时社会中所处的地位及其受到的特殊管理和照顾。

总之，通过这些证照，我们可以清晰地看到，它们最终证明的无非是税收、钱粮、租金。

另一个值得注意的现象是，这些证照无论尺幅大小、等级高低，均印信齐备，有的还标朱，反映了它们在当时社会生活中所具有的重要性。《宣统二年执照》（图35）和《宣统三年旗地户管》（图36）在版式、边框、纹饰、格式、标朱等方面均十分规范，是制作精良的文书。《宣统二年执照》（图35）边框饰以夔龙火珠云纹，印制精美，等级很高。《宣统三年旗地户管》（图36）因系总督颁发，按规定用紫印。清代文书用印一般有红、紫、蓝三色，红印、紫印各有定规，国丧期用蓝印。

令我略微感到惊讶的是，有的证照载明的征收计量单位竟然细致到了分、厘、丝、毫、忽、微。这充分证明在一个靠天吃饭的传统农业国度里，维系国库主要收入的杠杆是多么脆弱，纳税人的负担又是多么沉重！了解了这些，才能真正理解我们这个时代取消农业税所具有的伟大意义！

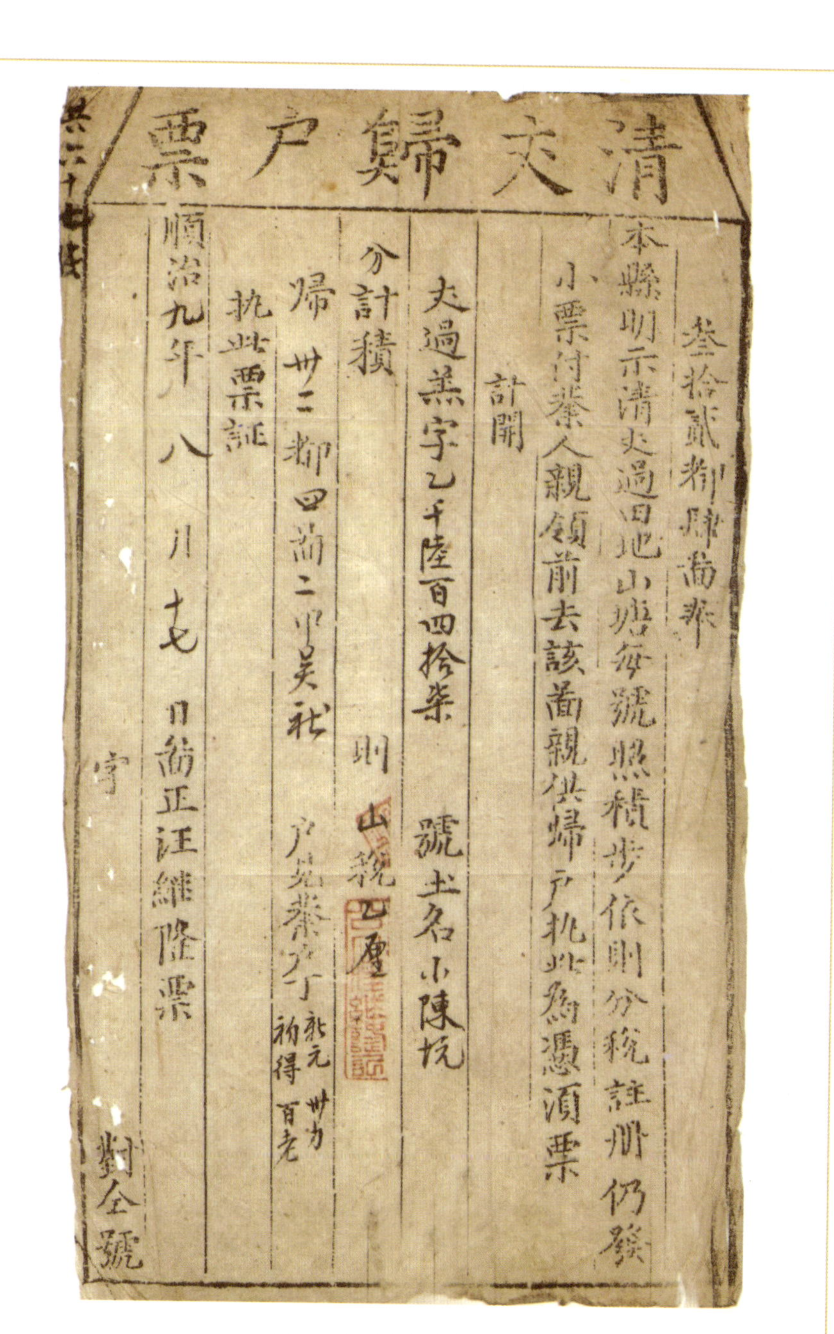

清丈歸户票

叁拾貳都肆啚拜

本縣明示清丈過田地山塘每號照積步依則分稅註册仍發

小票付業人親領前去該啚親供歸户執此爲憑須票

計開

丈過業字乙千陸百四拾柒　號土名小陳坑

分計積　則　山　稅四釐

歸廿二都四啚二甲吳社　户丁業丁　祠得　永元　廿力　百老

執此票証

順治九年八月十七日啚正汪繼隆票

字

對仝號

（图19）顺治九年清丈归户票

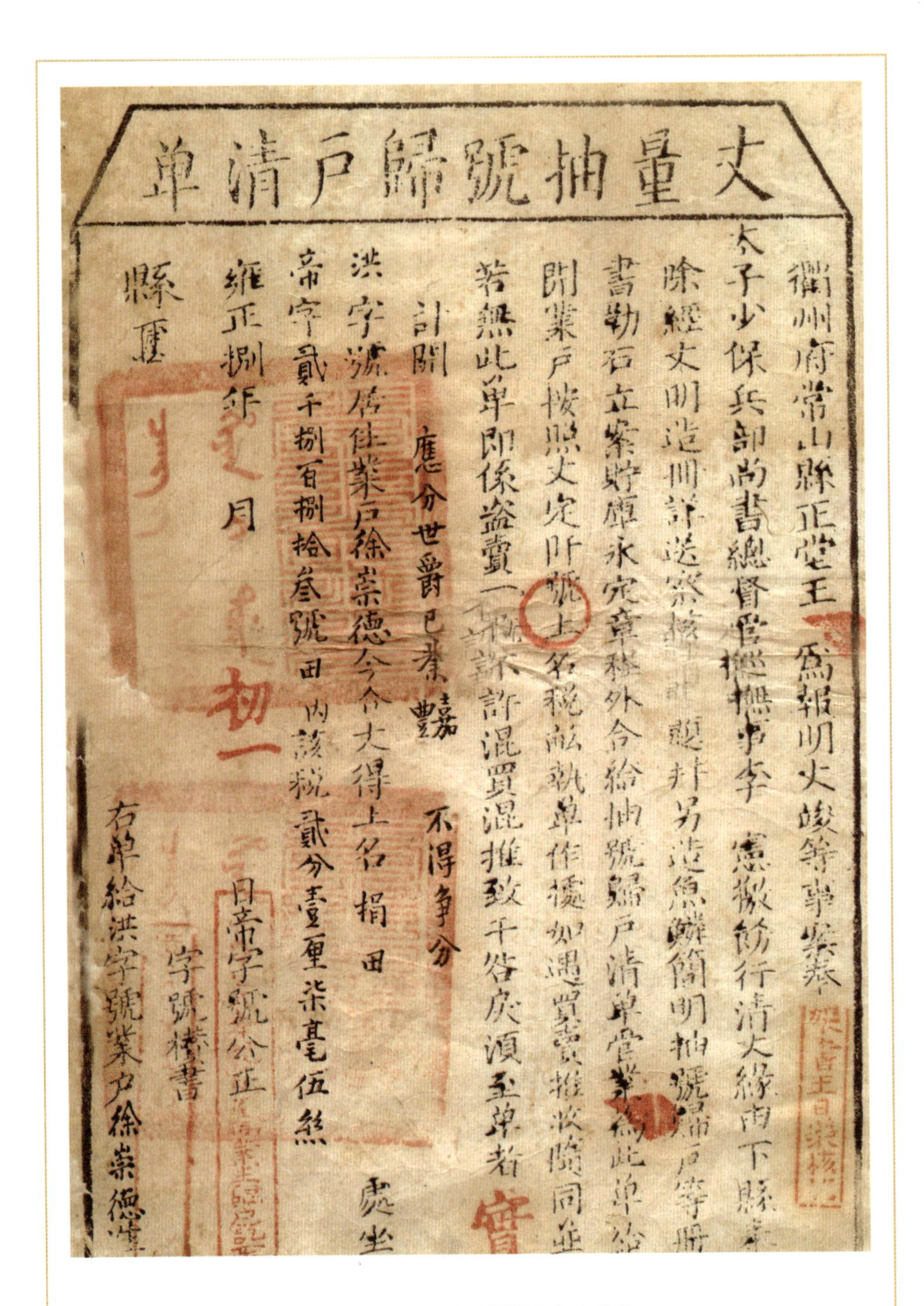

丈量抽號歸户清单

衢州府常山縣正堂王 為報明丈竣等事案奉
太子少保兵部尚書總督管撫事李 憲檄飭行清丈緣由下縣
除經丈明造冊詳送察核題并另造魚鱗簡明抽號歸户等冊
書勒石立案貯庫永定章程外合給抽號歸户清单管業為此单給
開業户按照丈定阡號土名稅畝執单作據如遇買賣推收隨同並
若無此单即係盜賣一許混買混推致干咎戾須至单者
計開 應分世爵已業 不得爭分
洪字號居住業户徐崇德 分今丈得上名 捐田
帝字貳千捌百捌拾叁號田 內該稅貳分壹厘柒毫伍絲 處坐
雍正捌年 月 初一 日 帝字號公正
縣 歷 字號樣書
右单給洪字號業户徐崇德

（图20）雍正八年丈量抽号归户清单

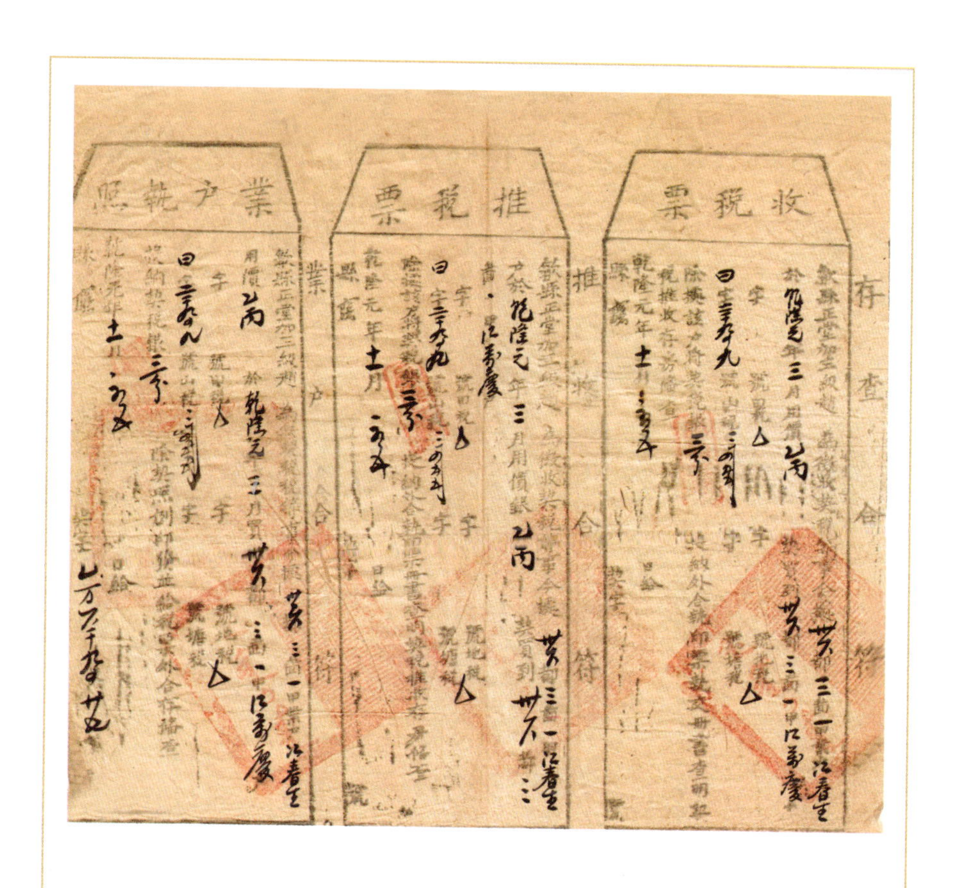
收税票

推税票

业户执照

（图21）乾隆元年收税票、推税票、业户执照

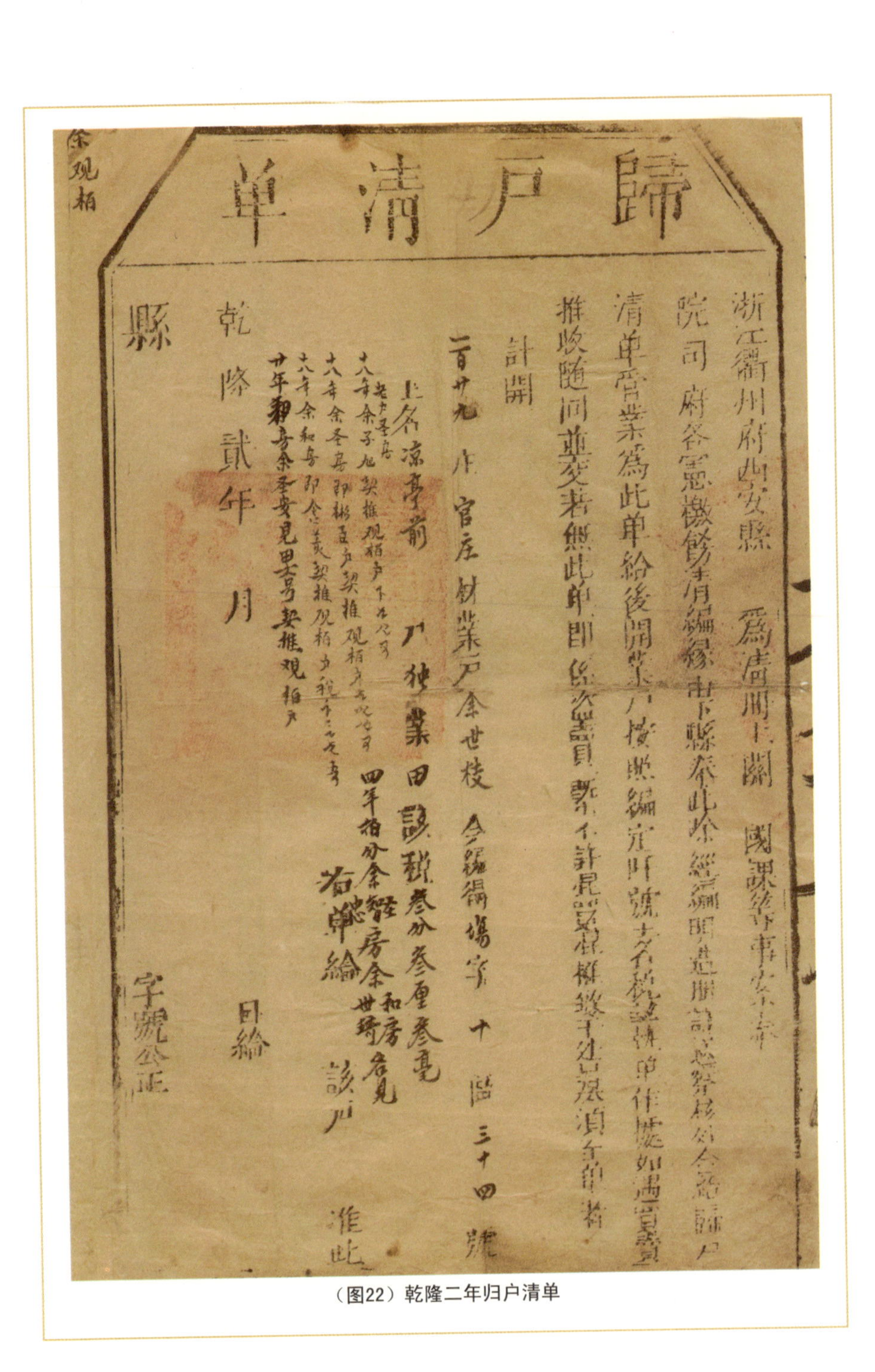
余观柏

歸戶清單

浙江衢州府西安縣　為清[illegible]關　國課[illegible]事案奉

院司府各憲檄飭清編緣由下縣奉此除經編明造冊詳[illegible]外合給歸戶

清單每業為此單給後開業戶遵照編定坵號[illegible]單作據如遇[illegible]賣

推收隨同單交若無此單即係[illegible]不許[illegible]

計開

一百廿九　[illegible]　官庄　[illegible]業戶余世枝　今編得[illegible]字十[illegible]三十四號

上名　凉亭前　户[illegible]業　田　[illegible]稅叁分叁厘叁毫

十八年余子旭契推观柏户下[illegible]

十八年余圣[illegible]契推观柏户[illegible]

十八年余和[illegible]契推观柏户税[illegible]

廿年[illegible]余圣[illegible]契推观柏户

四年[illegible]分余[illegible]房余世[illegible]和房[illegible]

右[illegible]單給　該户　准此

乾隆貳年　月　日給

縣

字號公証

（图22）乾隆二年归户清单

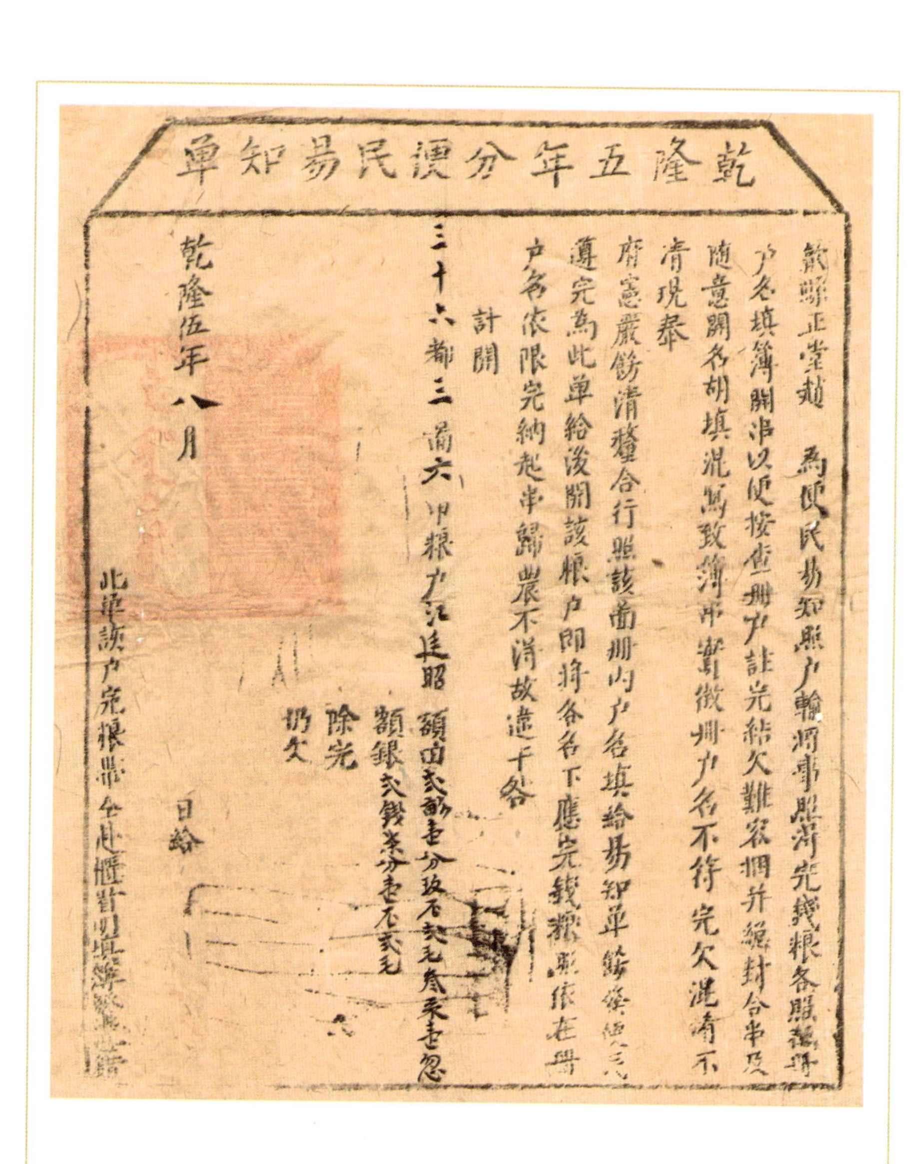

乾隆五年分便民易知單

歙縣正堂 為便民易知照户輸將事照得完錢粮各照[illegible]册

户名填簿開串以便按查册户註完結欠難容捆并總封合串及

隨意開名胡填混寫致簿串[illegible]徵册户名不符完欠混淆不

清現奉

府憲嚴飭清釐合行照該面册内户名填給易知單飭發[illegible]

遵完為此單給後開該粮户即將各名下應完錢粮照依在册

户名依限完納起串歸農不得故違干咎

計開

三十六都三圖六甲粮户江廷昭 額田[illegible]

額銀[illegible]

除完

仍欠

乾隆伍年八月 日給

此單該户完粮畢仝赴櫃[illegible]

（图23）乾隆五年分便民易知单

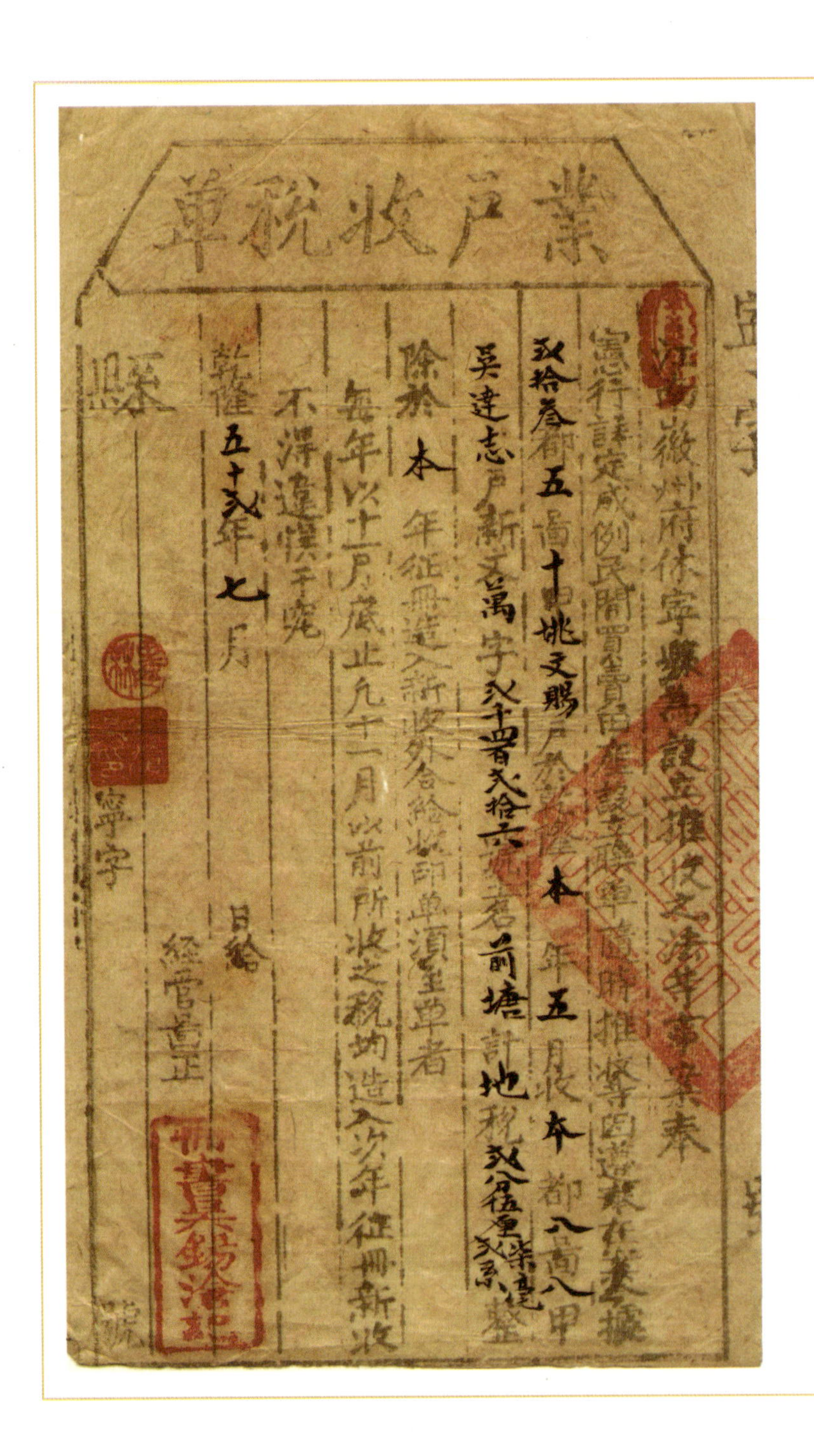

業戶收稅單

徽州府休寧縣為設立推收之法等事奉
憲行詳定成例民間買賣田地山塘[illegible]推收等因遵奉在案據
貳拾叁都五圖十甲姚文賜戶於本年五月收本都八圖八甲
吳達志戶新丈萬字貳千四百貳拾六號土名前塘計地稅[illegible]整
除於本年征冊造入新收外合給收印單須至單者
每年以十月底止凡十一月以前所收之稅均造入次年征冊新收
不得違悞干究
乾隆五十貳年七月 日給
經管首正
縣 寧字 號

（图24）乾隆五十二年业户收税单

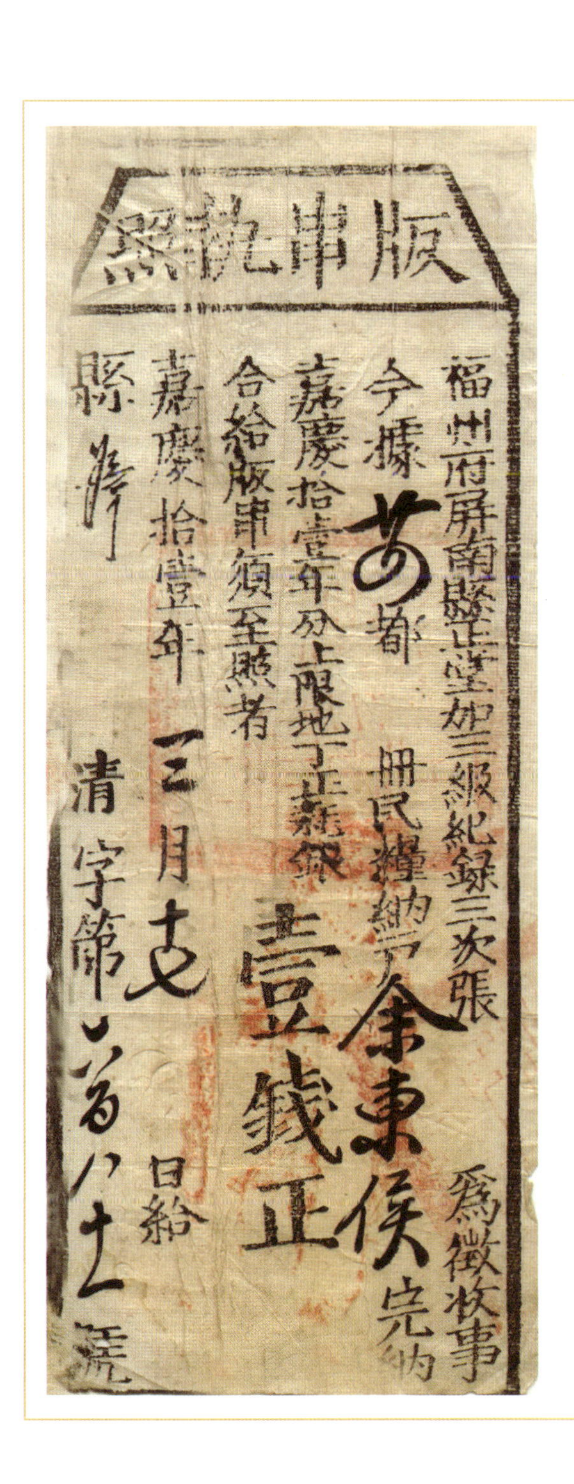

版串執照

福州府屏南縣正堂加三級紀録三次張　為徵收事
今據廿四都　冊民糧總户余東侯　完納
嘉慶拾壹年分上限地丁正耗銀　壹錢正
合給版串須至照者
嘉慶拾壹年　三月十七　日給
縣[illegible]　清字第二百八十七號

（图25）嘉庆十一年版串执照

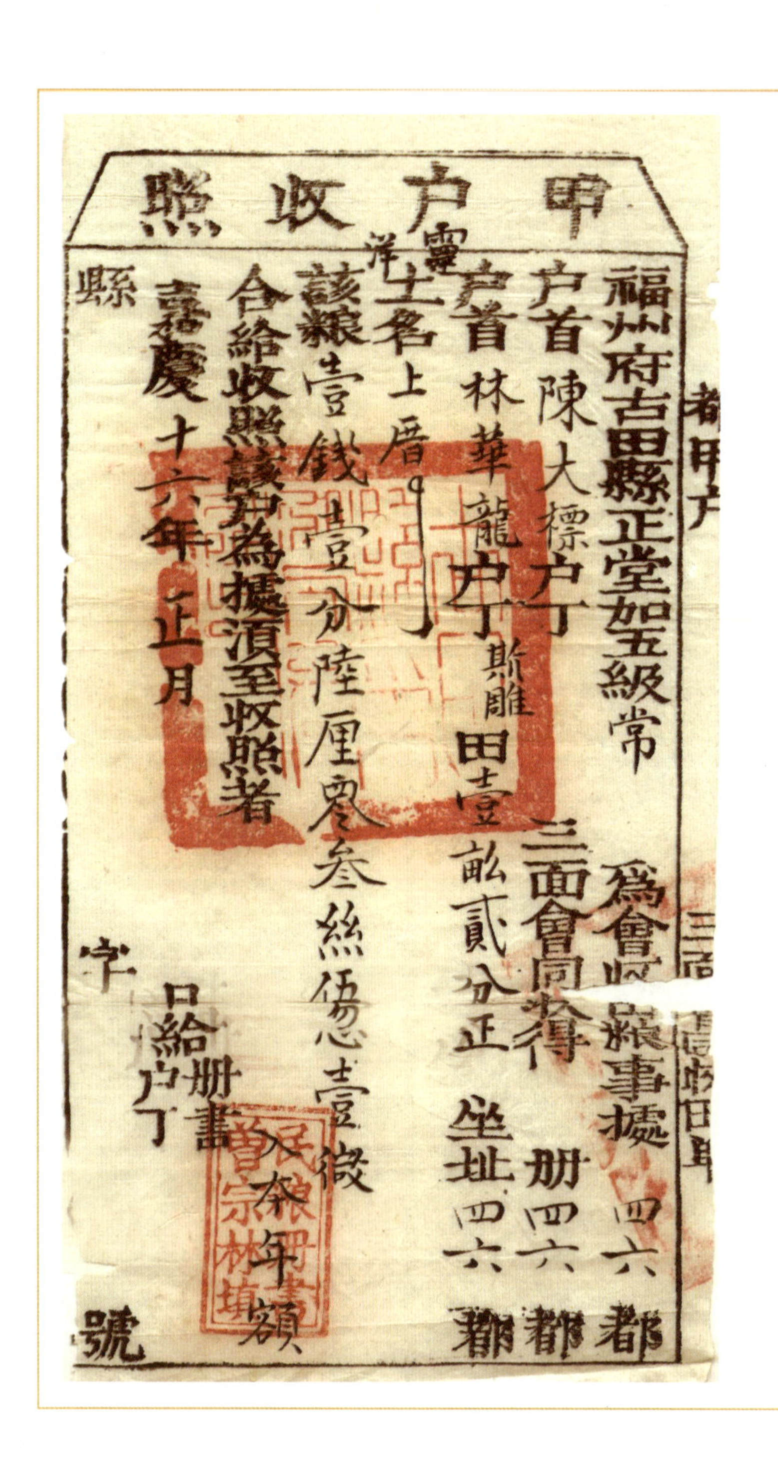

甲户收照

福州府古田縣正堂加五級常　為會收糧事據　四六　都

户首陳大標户丁　三面會同得　冊四六　都

户首林華龍户丁斯雕　田壹畝貳分正　坐址四六　都

土名上厝

該糧壹錢壹分陸厘叁絲伍忽壹微

合給收照，該户為據，須至收照者

嘉慶十六年正月　日給　冊書　入本年額

户丁

縣　字　號

（图26）嘉庆十六年甲户收照

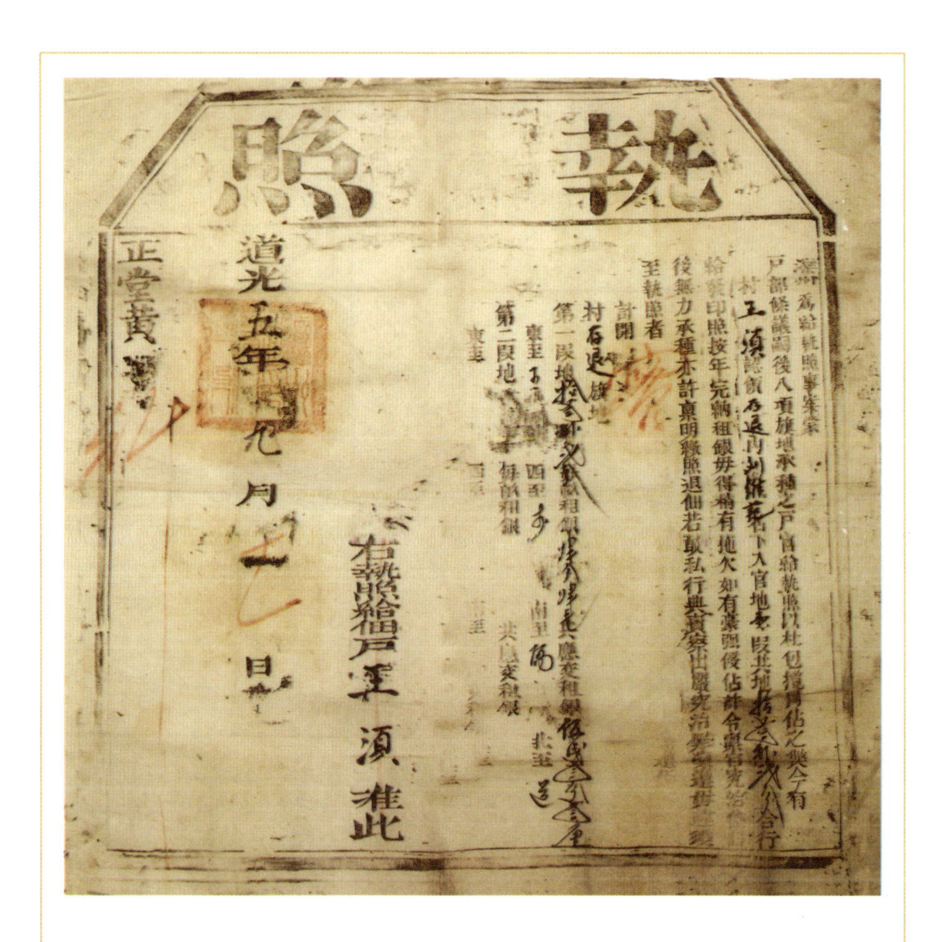
執照

灤州為給執照事案奉

戶部條議鬮後入項旗地承種之戶官給執照以杜包攬霸佔之弊今有

村王須認領石退內劃撥[illegible]下入官地[illegible]畝將其地[illegible]合行

給發印照按年完納租銀毋得稍有拖欠如有豪強侵佔許令禀官究治[illegible]

後無力承種亦許禀明繳照退佃若敢私行典賣察出嚴究治罪[illegible]

至執照者

計開

村石退旗地

第一段地[illegible]畝每畝租銀[illegible]共應交租銀[illegible]

東至　西至　南至　北至

第二段地　每畝租銀　共應交租銀

東至　西至　南至　北至

右執照給佃戶王須准此

道光五年九月　日

正堂黃

（图27）道光五年执照

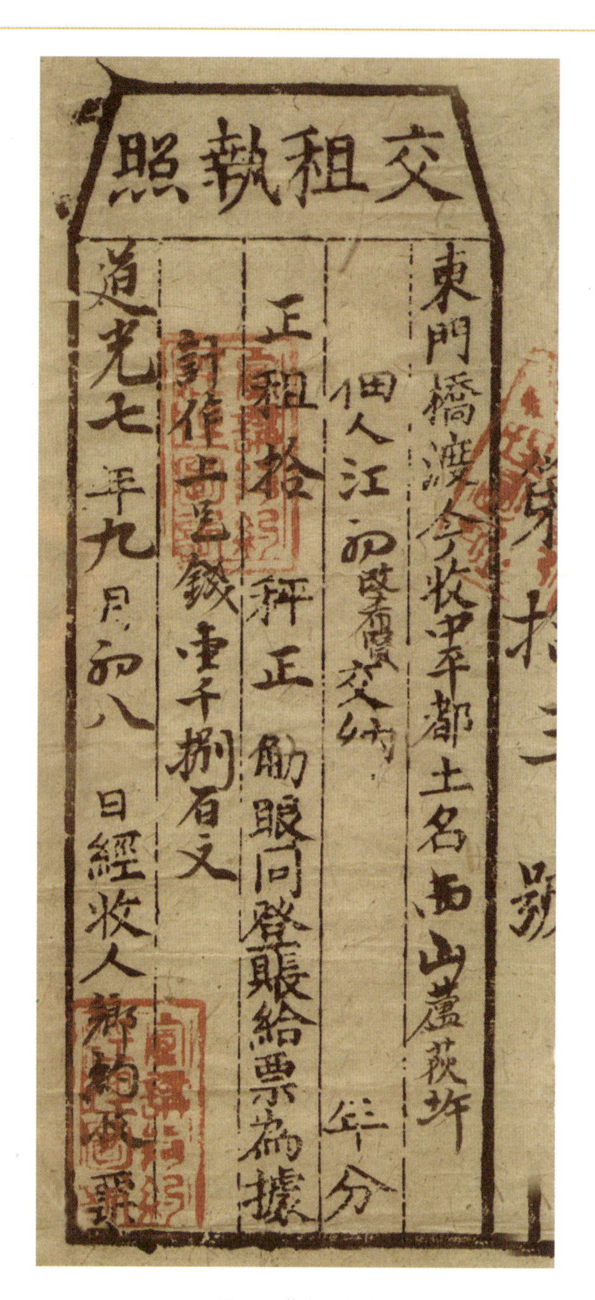

交租執照

東門橋渡今收甲年都土名西山蘆荻坪

佃人江初[illegible]交納 [illegible]分

正租拾 秤正 觔眼同登賬給票為據

計作土足錢壹千捌百文

道光七年九月初八日經收人鄭[illegible]

（图28）道光七年交租执照

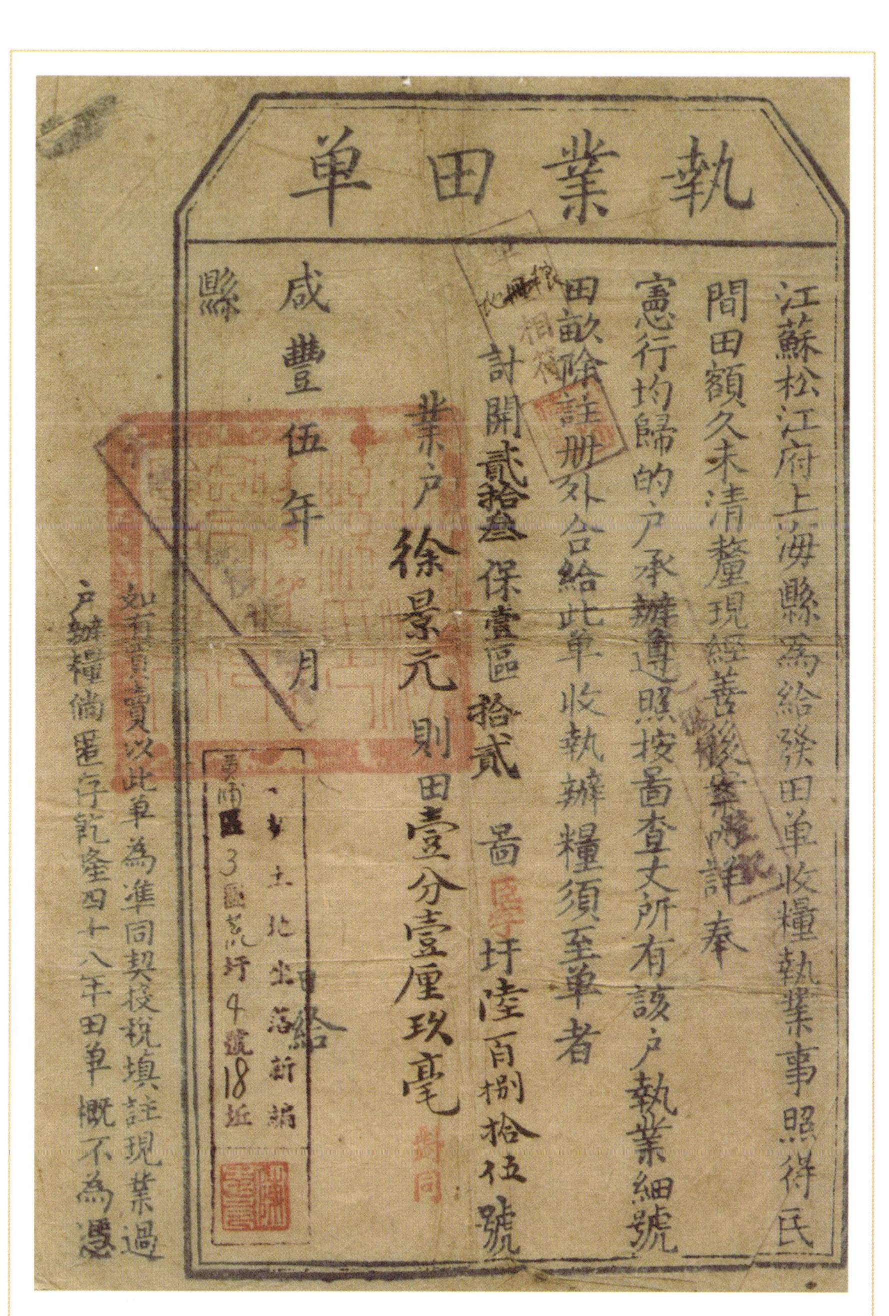
執業田单

江蘇松江府上海縣為給發田单收糧執業事照得民
間田額久未清釐現經善後局詳奉
憲行均歸的户承辦會同照按啚查丈所有該户執業細號
田畝除註册外合給此单收執辦糧須至单者
計開貳拾叁保壹區拾貳啚 圩 百捌拾伍號
業户徐景元 則田壹分壹厘玖毫
咸豐伍年 月 日給
縣

如有買賣以此单為準同契投稅填註現業過
户辦糧倘匿存乾隆四十八年田单概不為憑

(图29) 咸丰五年执业田单

（图30）光绪五年执照

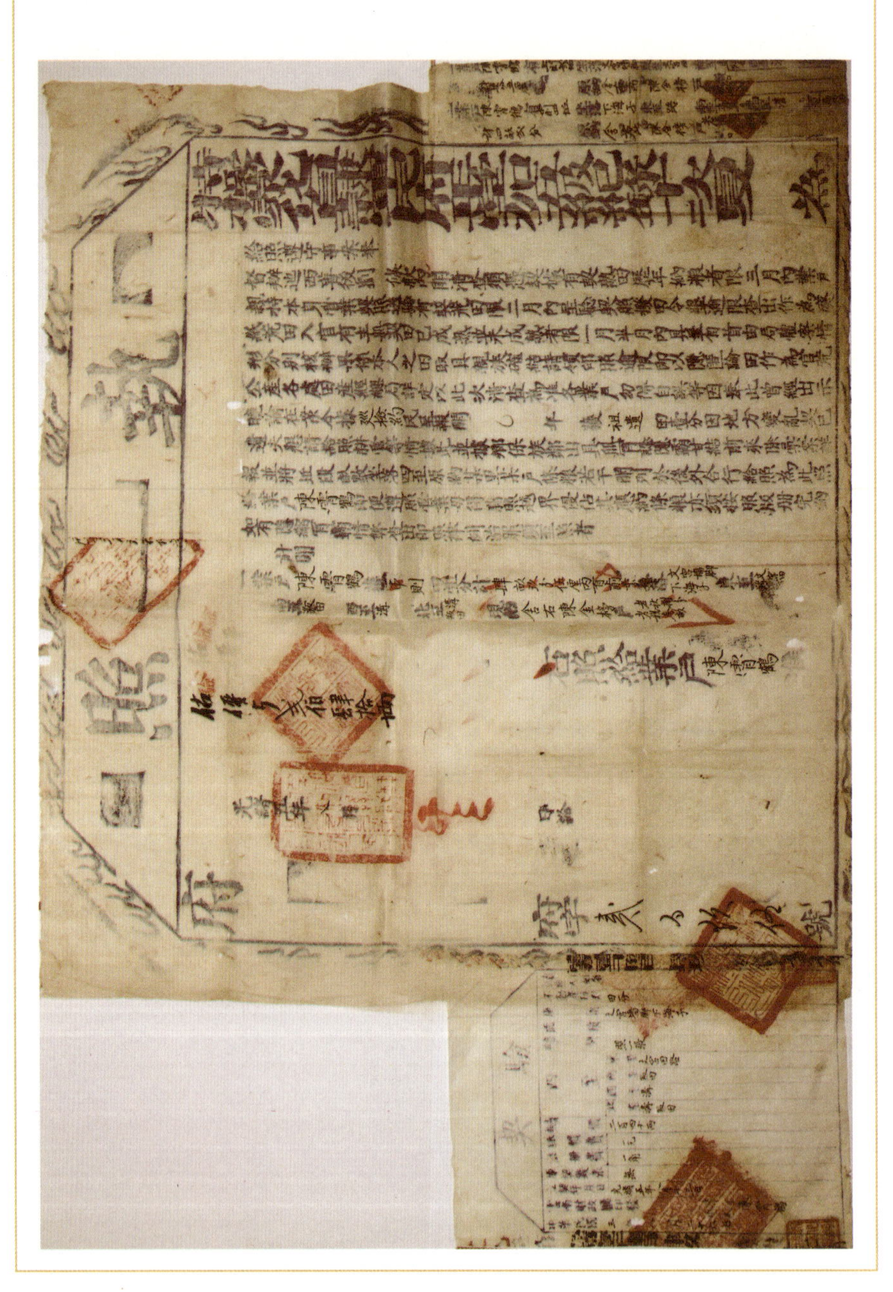

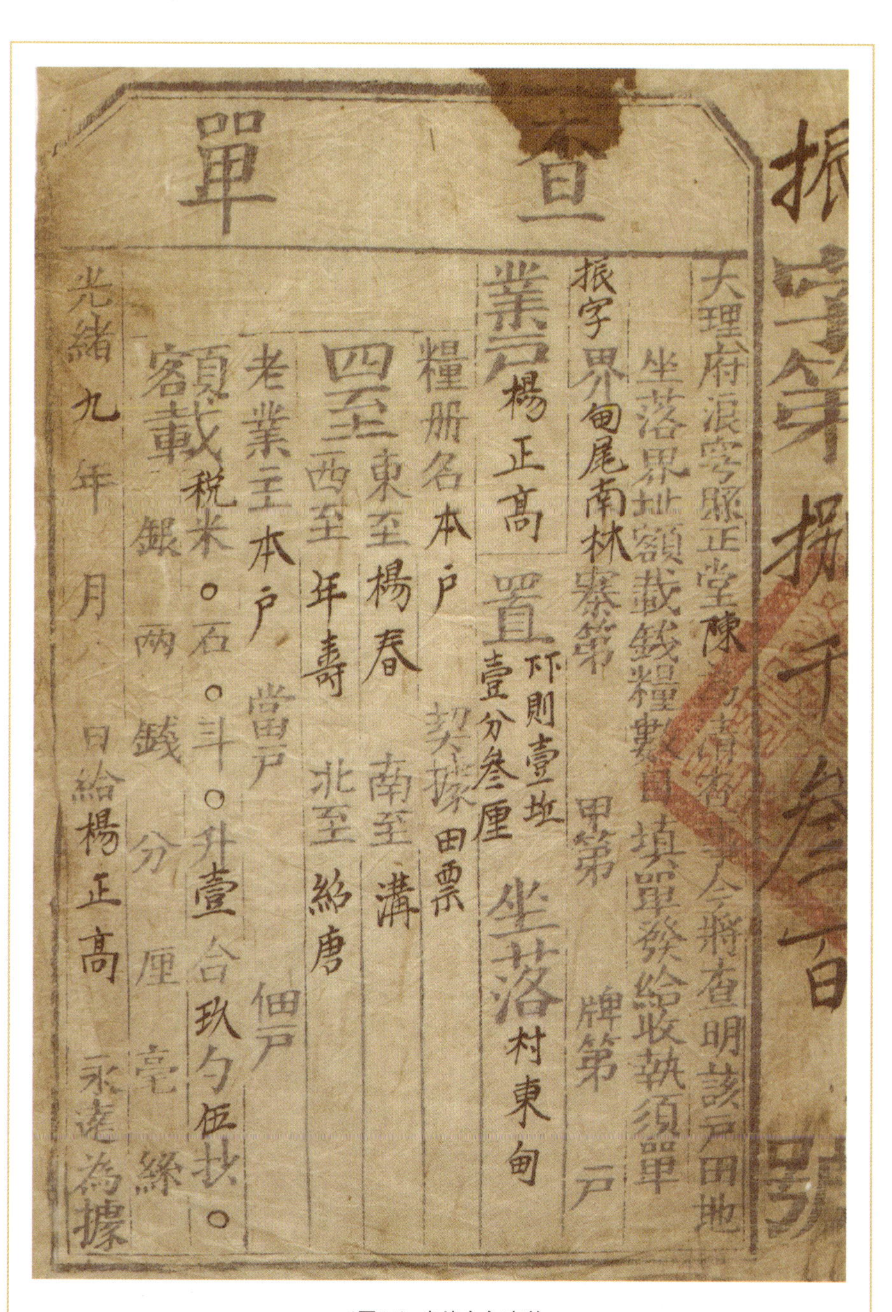

振字捌千叁百 號

查單

大理府浪穹縣正堂陳 今將查明該戶田地
坐落界址額載錢糧數目填單發給收執須單
振字界甸尾南林寨第 甲第 牌第 戶
業戶楊正高 置 下則壹坵 壹分叁厘 坐落村東甸
糧冊名本戶 契據田票
四至東至楊春 南至溝
西至年壽 北至紹唐
老業主本戶 當戶 佃戶
額載稅米○石○斗○升壹合玖勺伍抄○
銀 兩 錢 分 厘 毫 絲
光緒九年 月 日給楊正高 永遠為據

（图31）光绪九年查单

（图32）光绪十年根票、十七年比销

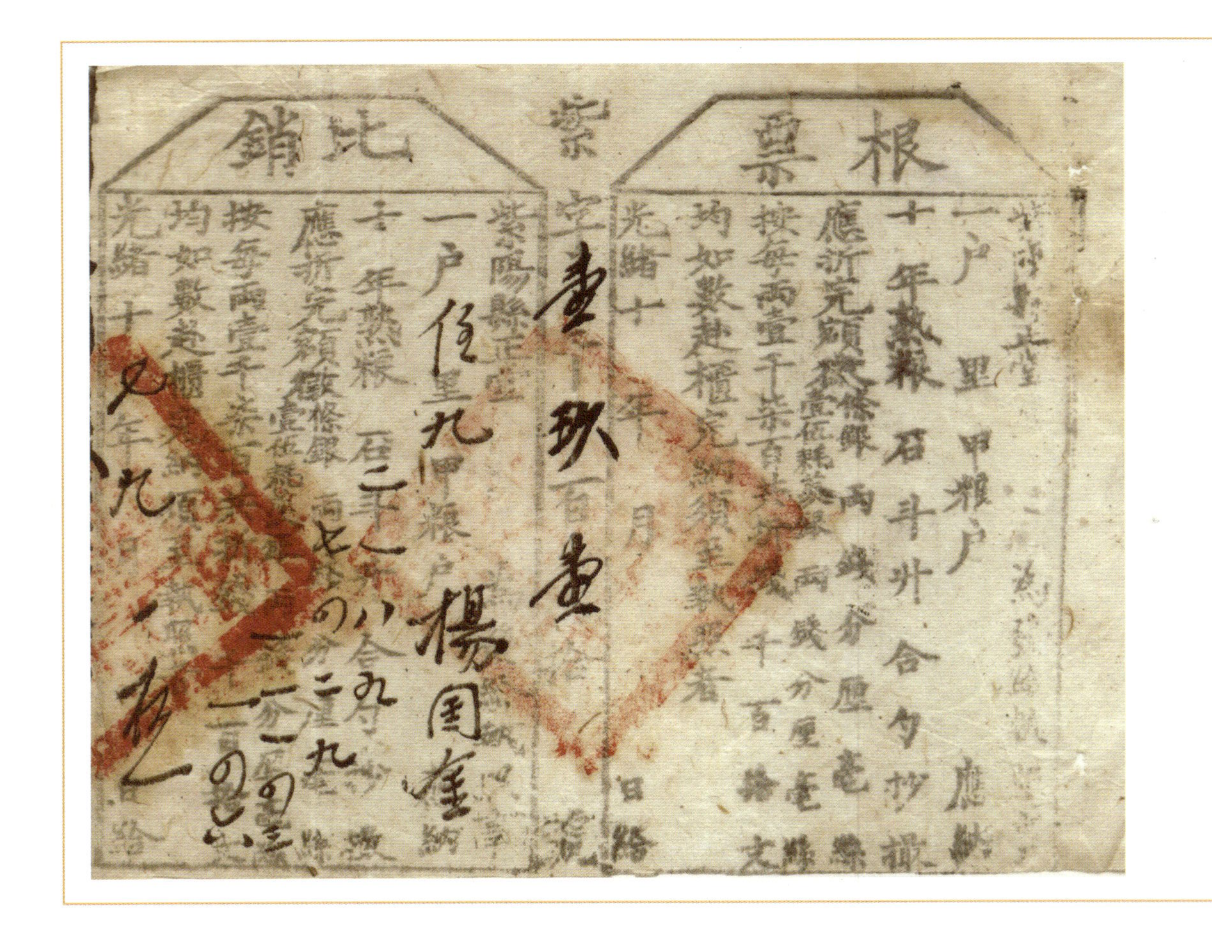
根票

一户 里 甲粮户

十年熟粮 石斗升合勺抄撮

应折完银 两钱分厘毫

按每两壹千柒百 文

均如数赴柜完纳 者

光绪十 年 月 日给

字 百 号

比销

一户 里 甲粮户

十 年熟粮 石 升合勺

应折完银 两 钱分厘毫

按每两壹千柒百 文

均如数赴柜

光绪十 年 日给

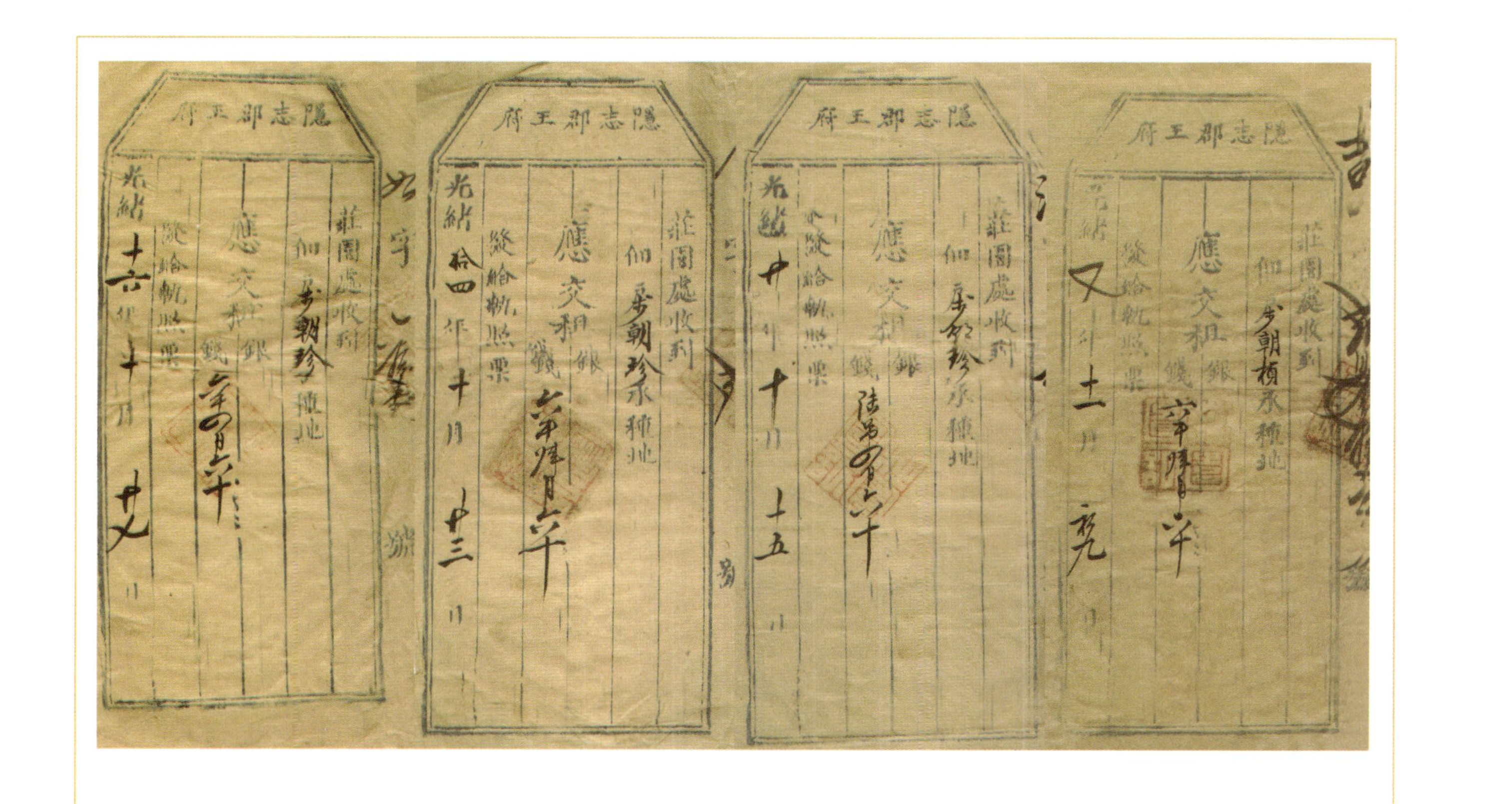

（图33）　光绪十四年、十六年、二十年隐志郡王府交租执照票

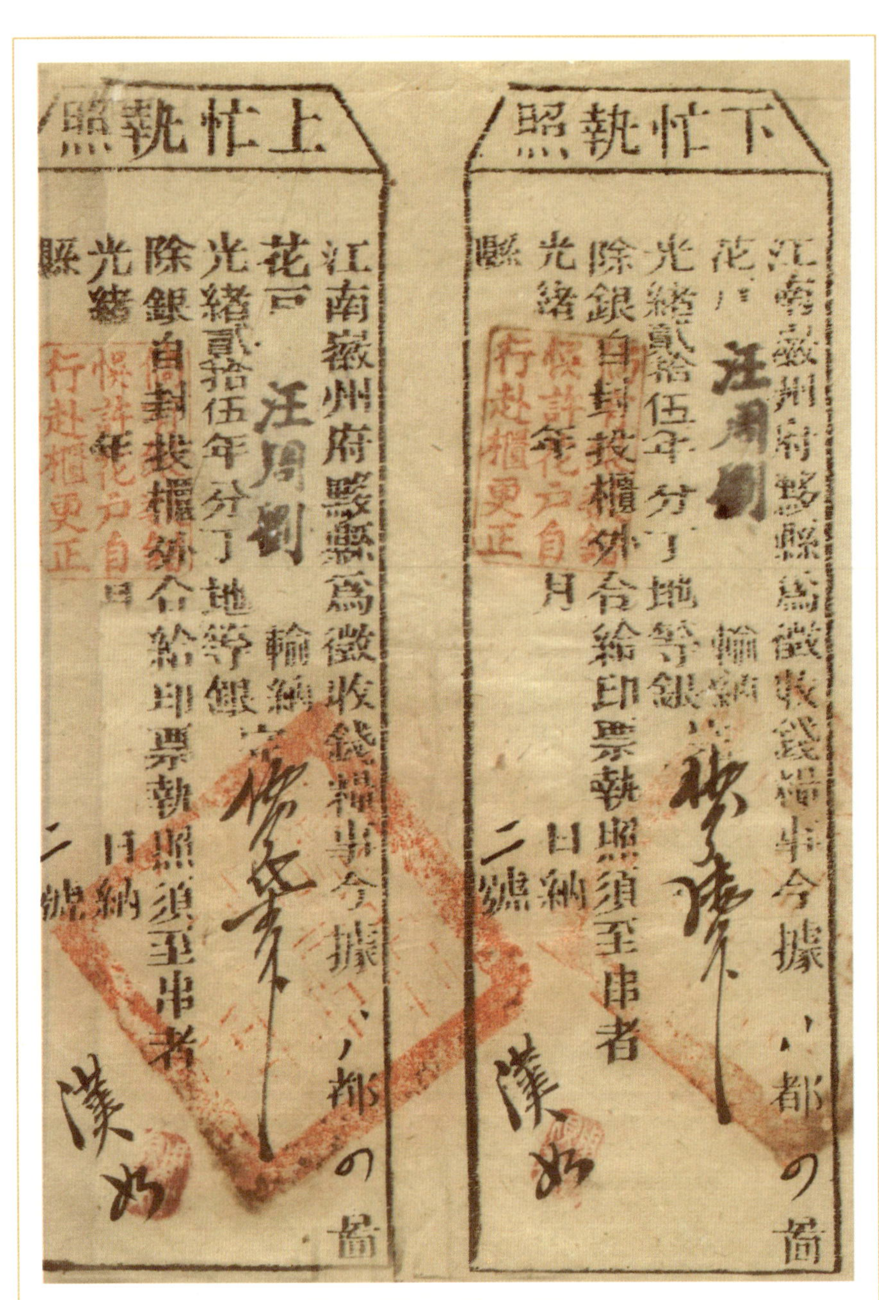

上忙執照

江南徽州府黟縣爲徵收錢糧事今據八都の啚
花戶 汪周釗 輸納
光緒貳拾伍年分丁地等銀
除銀自封投櫃外合給印票執照須至串者
光緒 年 月 日納
縣 二號

倘有舛錯 懇許花户自行赴櫃更正

下忙執照

江南徽州府黟縣爲徵收錢糧事今據八都の啚
花戶 汪周釗 輸納
光緒貳拾伍年分丁地等銀
除銀自封投櫃外合給印票執照須至串者
光緒 年 月 日納
縣 二號

倘有舛錯 懇許花户自行赴櫃更正

（图34）光绪二十五年上忙下忙执照

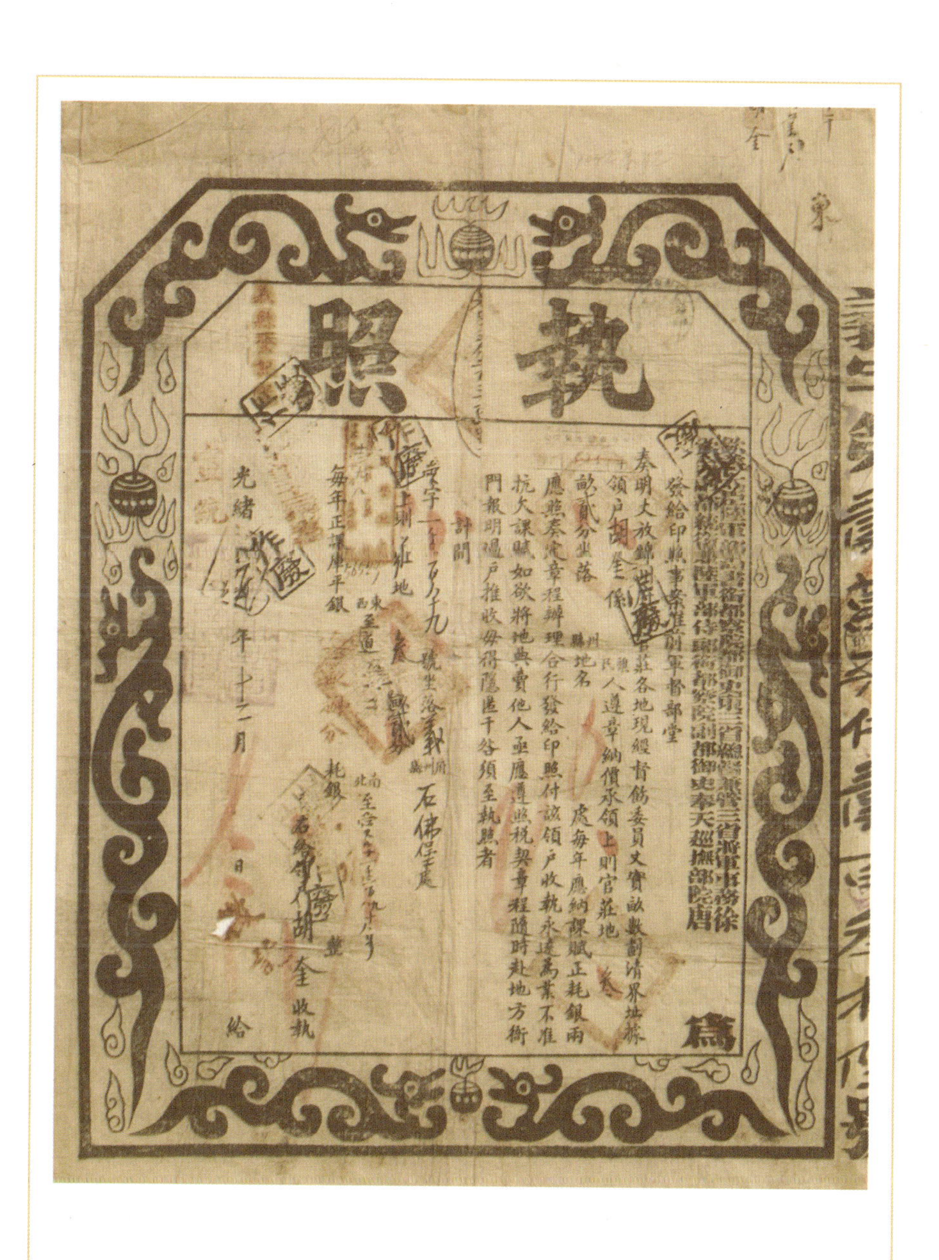
執照

發給印照事案准前軍督部堂
奏明丈放錦州官莊各地現經督飭委員丈實畝數劃清界址據
領戶胡奎係 旗民人遵章納價承領上則官莊地 叁
畝貳分坐落 州縣地名 處每年應納課賦正耗銀兩
應照奏定章程辦理合行發給印照付該領戶收執永遠爲業不准
抗欠課賦如欲將地典賣他人亟應遵照稅契章程隨時赴地方衙
門報明過戶推收毋得隱匿干咎須至執照者

計開

字 號坐落 石佛堡

上則 地

每年正課庫平銀

耗銀

胡奎 收執

光緒 年 十二月 日 給

（图35）宣统二年执照

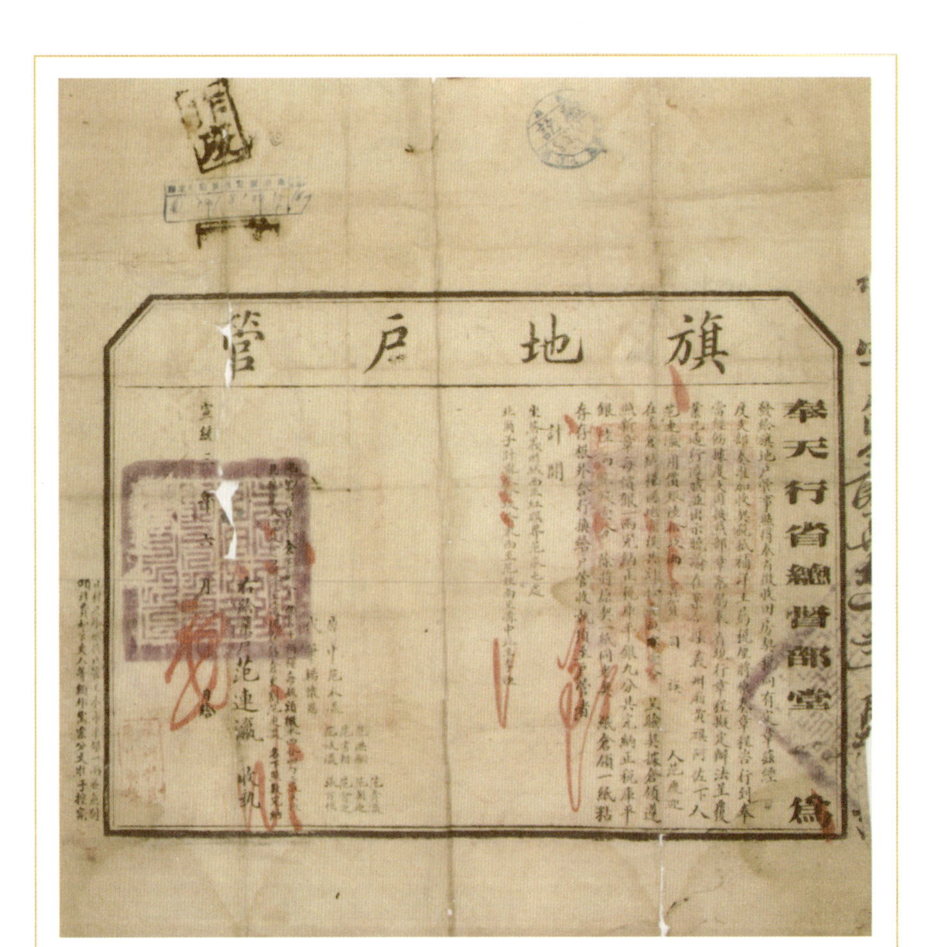

旗地戶管

奉天行省總督部堂 爲

（图36）宣统三年旗地户管

地契

土地买卖 民间惯例

长期以来，国外汉学家对中国古代业已存在的土地买卖现象感到迷惑不解，因为同样的现象在当时的欧洲和日本并不存在。的确，清代能够完整保存下来的土地买卖契约在今天看来仍然是数量巨大而且惊人的，以致于我们完全有理由相信，土地买卖在当时人们的日常生活中不仅频繁发生，而且习以为常。那么，完全依靠土地吃饭的农民又怎么愿意并且能够将自己的土地卖给他人呢？

如果我们能够理解清代法律尤其是清代习惯法，理解那些完全不同于西方法律的中国古代民事法律行为规范，问题就会迎刃而解。

要弄清这一问题，首先必须区分典与卖两种不同行为的法律性质。典是中国古代民事法律所特有的行为，所谓典地，是土地所有人将土地交与典主，从而获得典价，典主取得土地使用权，土地所有人可回赎土地的法律行为。依照民间习惯，许多典契被写成了卖契。

其次，即使是卖，也有“活卖”、“死卖”之别。只要契非“死契”，契约内不言明“绝卖”，不用“杜”、“绝”、“断”等字，或

“卖与某某永远为业”等语，即视为活卖，可以回赎。

如何解释仍有大量“死契”、“绝卖”文书存在的事实呢？即以本书所收十一件地契为例，大部分仍是“死契”、“绝卖”文书。

各地存在的种种民间习惯，最终为我们揭开了谜底。有些地方分明订的是土地抵押契约，却将其写成“死契”或“绝卖”文书，并载有“不折不赎”、“永远管业”等字样，叫作“典契绝写”；有些地方在订立“死契”、“绝卖”文书之外，买主得留价一部分，与卖主另立借约，议定期限，准其于期限内回赎，叫作“死契活据”或“死契活抵”；有些地方绝卖之产通行翻票，由买产者另立票据，交卖产者收执，凭此票可将绝卖契约翻为准予回赎。凡此种种，皆为通行的民间习惯。可以说，土地买卖契约是最为复杂的契约文书。形成这么多“卖而不绝”的习惯，是由土地在人们生活中的重要性决定的。

一件标准的贴有契尾的清代地契，有基本固定的格式：第一，在白纸的右边书写契约，契文习惯上紧靠右边，上端留有较大空间，下端则直书到底；第二，文后上端署年款日期，下端书立卖地契人姓名；第三，白纸左边书中见人或在伴人姓名；第四，在契文、年款日期、中见人或在伴人上钤盖数枚官印；第五，在契纸和契尾粘连处骑缝斜盖一枚官印；第六，契尾填写买主姓名或买卖双方姓名及价银、税银数，署纳税年款日期，并钤盖官印；第七，立卖地契人、中见人或在伴人须签名画押，多见画十字押，也有画花押的；第八，契文内容照例要写明买卖双方，开明地亩四至，言明死卖活卖等。

本书所收十一件地契，反映了从清初到清末土地买卖的状况，多是“红契”。所谓“红契”，就是钤盖官府红印并纳税的契约，“红契”受法律保护。而没有钤盖官府红印，有意规避纳税的是“白契”，不受法律保护。

“红契”、“白契”是中国古代地契最基本、最重要的分类，本义甚明。但是，近来却有一种观点，认为只有贴有契尾的“官契”才缴纳了契税，因而才是“红契”。

那么如何看待今日仍大量存在的钤盖了官府红印，但没有骑缝章，没有契尾的地契呢？它们真的没有缴纳契税，不是“红契”吗？

清代早期地契沿用明代契尾制，但在实行过程中，仍有一部分缴纳的契税被州县官吏贪污，不给开具契尾。雍正末年，河南总督田文镜看到了这一弊端，实施了一项大胆的改革，即推行契纸契根之法，这改革措施迅速推向全国。所谓契纸契根之法，就是禁止用白纸写契，由布政使司将事先印好的官颁契纸发给各地，按项填写，契根存留备查，以期杜绝贪污克扣之风。由于契纸契根之法实施不久即废，所遗契纸极为少见。本书所收《雍正十年地契》（图42）即田文镜所创契纸。由于这些契纸也是布政使司刊印，因而此契纸极易被误为契尾。普通契尾一般在顶端或左端印“契尾”二字，而此契纸则在左上端印“契纸押”三字。特别有意思的是，此契纸左下端还印有一行小字：“每契一张，卖钱五文，解司以为油红纸张之费，毋得多取苦累于民。”然而，在实际执行中，却是“需索之费，数十倍于从前。”所以，雍正十三年，“将契纸契根之法永行禁止。”其上粘贴的五份民国时期纳税执照，说明即使改朝换代以后，农民的负担仍然无比沉重！雍正晚期凡是推行田文镜契纸契根之法的地区，都采用这种“契纸押”的形式，契尾已被废除。因此，没有契尾不仅可以是“红契”，而且可以是官契！

乾隆元年，又一仍从前，回到了白纸契尾时期。但实际上，钤印而不贴契尾者仍很多。乾隆二十一年，湖北按察使雷畅条上了一道奏折，拟立限一年，让那些不贴契尾者补税。朝廷却认为，如果确因百姓漏税可查明令其补缴，但如果百姓已照数缴纳税银，因州县官侵吞，只在契纸内钤盖印信而不粘连契尾，这样做无异于让百姓受重税之累而侵吞官吏安享其利。朝廷最终决定，让那些已经纳税但并无契尾者据实报明，补给契尾。本书所收《雍正三年地契》（图41）就是这样一件有些奇怪的地契。它白纸立契在雍正三年，契尾纳税在乾隆五十六年，补给契尾竟在66年之后！它说明，乾隆二十一年的政令贯彻执行得并不顺畅，民间不知有多少缴纳了税银，但却没有及时报明，最终也没有补给契尾的“红契”！《康熙五十五年地契》（图40）或许就是这样一件“红契”吧？今日所见一部分契纸署雍正年号，契尾却是乾隆年号的地契，可能都和乾隆二十一年的这道政令有关。

顺治地契较为稀有。《顺治十六年地契》（图37）本是一纸“白契”，但次年却因兵饷被县吏勒索了一份税银，盖上了官印，变成了“红契”，反映了清初战乱带给人民的沉重灾难。《顺治十八年地契》（图38）钤官印两枚，骑缝印一枚，注明“税讫”并以朱笔标点，可惜契尾遗失，因系宅基地买卖，收录以供研究。

《康熙三十年地契》（图39）、《乾隆四十六年地契》（图43）、《嘉庆十九年地契》（图44）是标准的贴有契尾的地契。所谓契尾，是交纳契税后官府给的收据。清代官契并非只有契尾一种形式，除上述雍正晚期“契纸押”没有契尾外，康熙时期亦有在契纸后贴契税单据的做法。

《祺祥元年地契》（图45）是一件稀有年号地契。1861年，咸丰皇帝崩于热河行宫，其子载淳即位，以肃顺为首的八大臣辅佐，定年号为“祺祥”。慈禧太后发动政变夺权，改“祺祥”为“同治”，“祺祥”年号仅存69天。这份地契购自云南，以当时的交通状况，偏远闭塞的云南乡村居然在一份普通的民间草契上使用“祺祥”年号，不能不使我们感叹中央集权行政效力之高。这份契约签署的时候，已经改元“同治”了，但当时偏远的云南乡村并不知情，消息传来后，粗心的主人只将前面的“祺祥”年号改为“同治”，后附“除帖存照”上的年号却没有修改。

旗地买卖是清代历史上值得注意的现象。清代律例禁止旗民交产，但实际上，旗地的买卖从未停止过。咸丰年间，准予旗民交产。光绪十五年，户部又规定旗民不许交产。《光绪十五年旗产契》（图46）正是户部禁例颁布前后签定的。

宣统三年是清王朝统治的最后一年，《宣统三年地契》（图47）印制精美，已包含了新的印刷技术和手段。

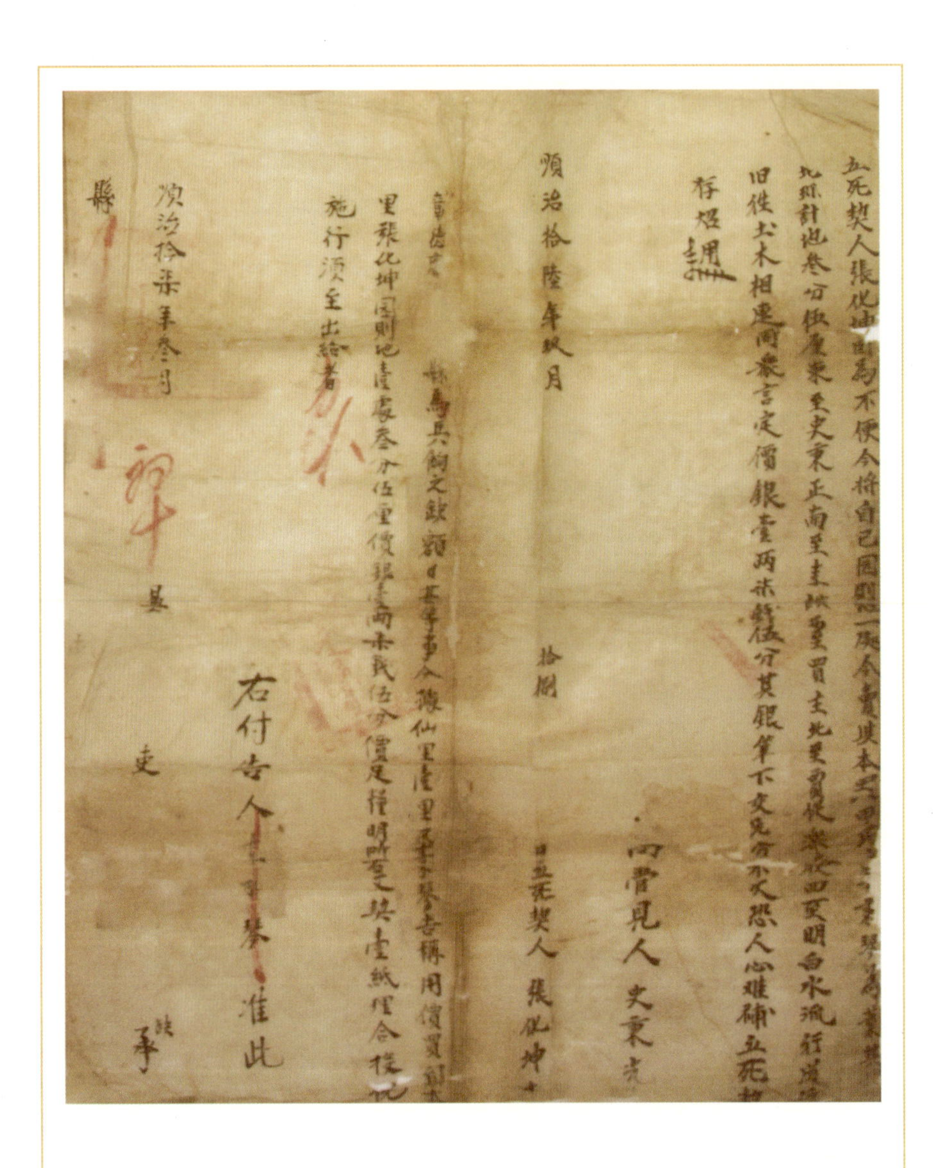

立死契人張化坤[illegible]為不便今將自己園[illegible]一塊今賣與本[illegible]
地係計地叁分伍厘東至史東正南至[illegible]北至買主北至賣主[illegible]四至明白水流行路[illegible]
旧從古木相連同衆言定價銀壹兩柒錢伍分其銀筆下交足[illegible]恐人心難憑立死契
存照

同中見人 史東[illegible]

順治拾陸年玖月 拾捌日立死契人 張化坤

[illegible]為兵餉之缺額[illegible]事人陳仙里[illegible]稱用價買[illegible]
里張化坤[illegible]則地壹處叁分伍厘價銀壹兩柒錢伍分價足[illegible]明[illegible]之契壹紙理合[illegible]
施行須至出給者

右付[illegible]人[illegible] 準此

順治拾柒年叁月 日

縣 [illegible] 典吏 [illegible]

（图37）顺治十六年地契

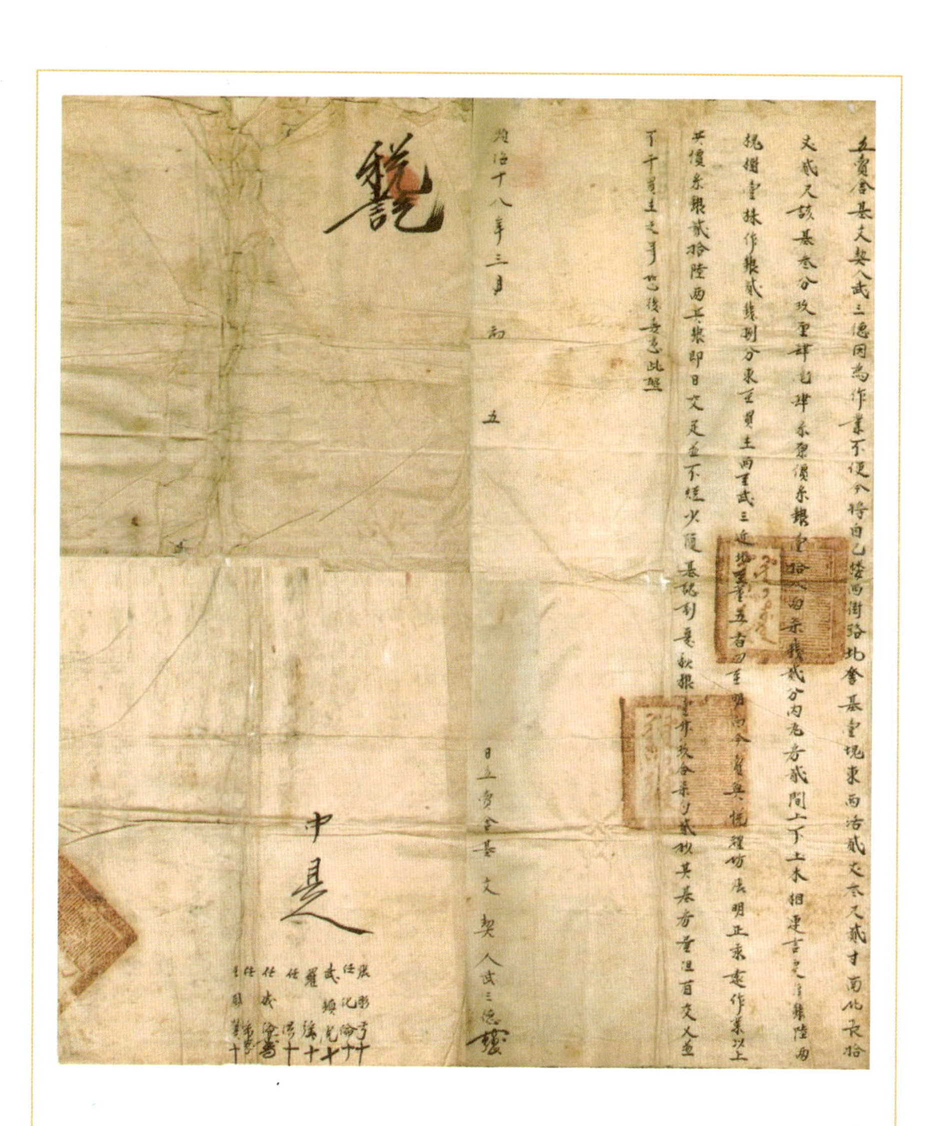
立賣合基文契人武三德因為作業不便今將自己坐西街路北合基壹塊東西活貳丈叁尺貳寸南北長拾
丈貳尺該基叁分玖厘肆毫肆絲原價系銀壹拾八兩系錢貳分內有房貳間上下土木相連言定肆陸兩
挑攢壹牀作銀貳錢到分東至買主西至武三近地至董五吉南至明河今賣與怪經坊張明正承受作業以上
共價系銀貳拾陸兩其銀即日交足並不短少隨基認到畝銀壹分玖合系貳秋其基有重迎首交人並
不干買主之事恐後無憑此照
順治十八年三月初五
日立賣合基文契人武三德
中見
張彭子十
任化倫十
武瑛光十
羅孫十
任得十
任成
王

（图38）顺治十八年地契

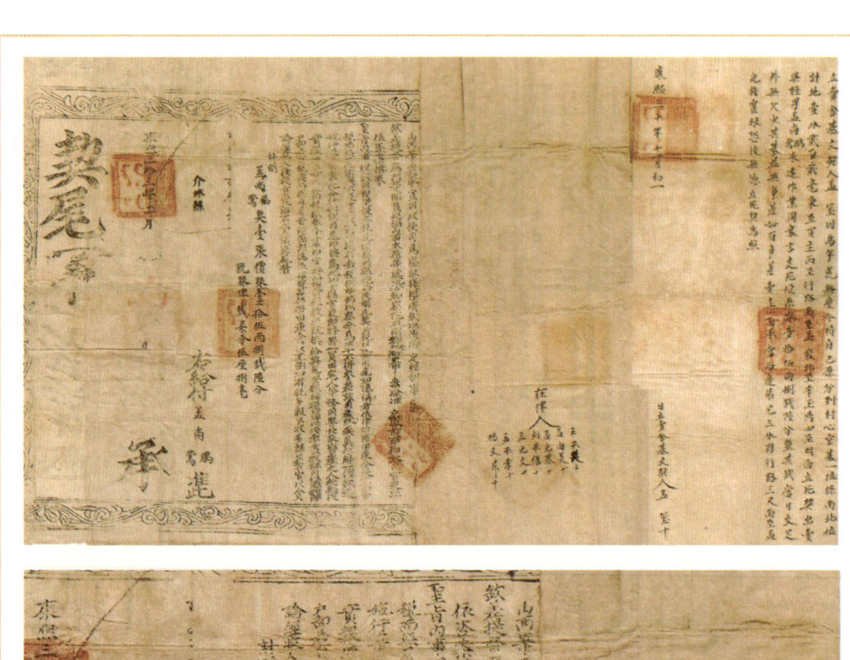

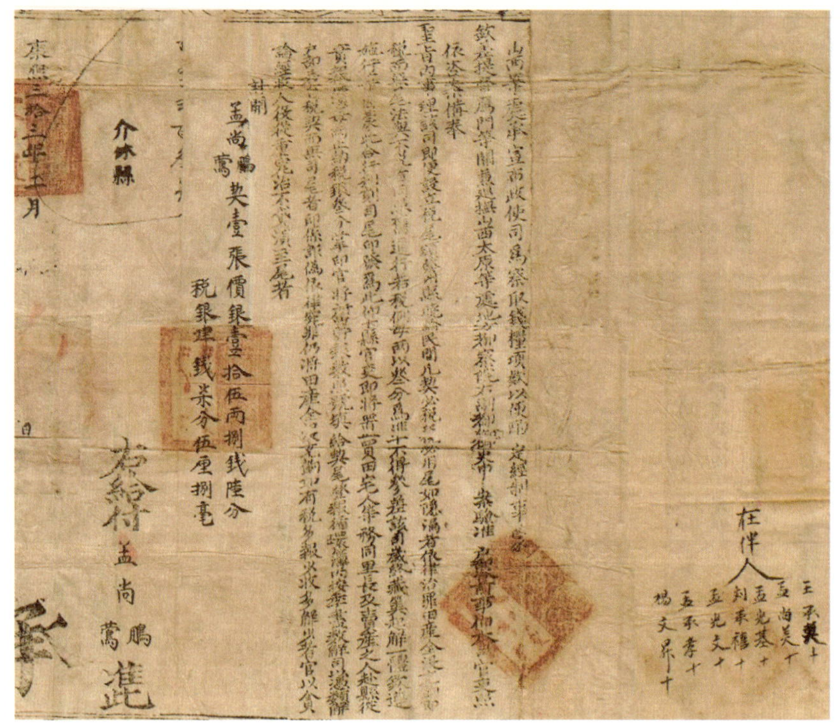

康熙三十年十月

介休縣

業戶孟尚鵬 買契壹張 價銀壹拾伍兩捌錢陸分

税銀肆錢柒分伍厘捌毫

右給付孟尚鵬 準

在伴人

王承美 十
孟尚美 十
劉承禧 十
孟光基 十
孟光文 十
孟承孝 十
楊文界 十

（图39）康熙三十年地契

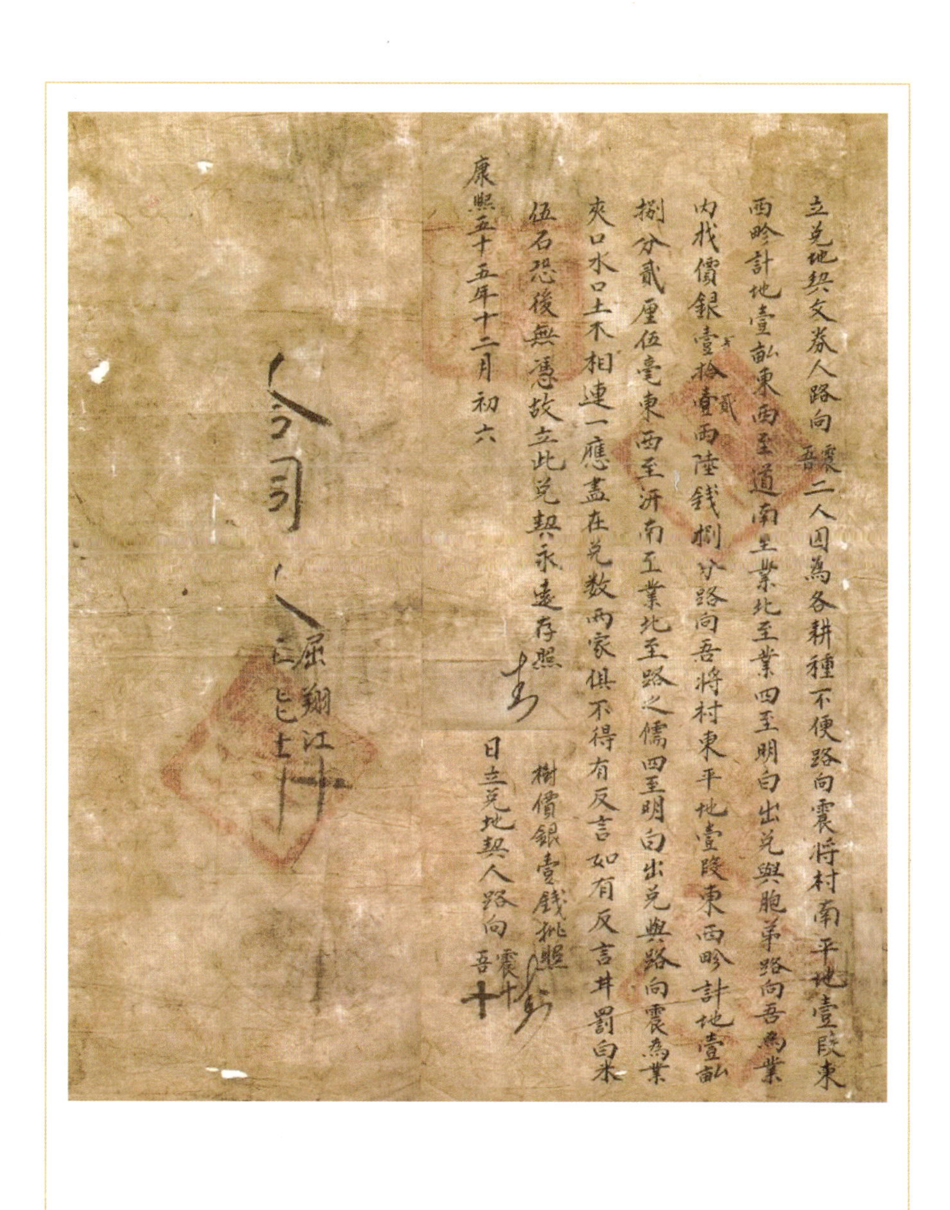
立兑地契文券人路向吾震二人因為各耕種不便路向震将村南平地壹段東西畛計地壹畝東西至道南至業北至業四至明白出兑與胞弟路向吾為業内找價銀壹拾壹兩陸錢捌分路向吾将村東平地壹段東西畛計地壹畝捌分貳厘伍毫東西至洴南至業北至路之儒四至明白出兑與路向震為業夾口水口土不相連一應盡在兑数兩家俱不得有反言如有反言井罰白米伍石恐後無憑故立此兑契永遠存照

樹價銀壹錢批照

康熙五十五年十二月初六日立兑地契人路向吾震

合同

中人屈翔江

（图40）康熙五十五年地契

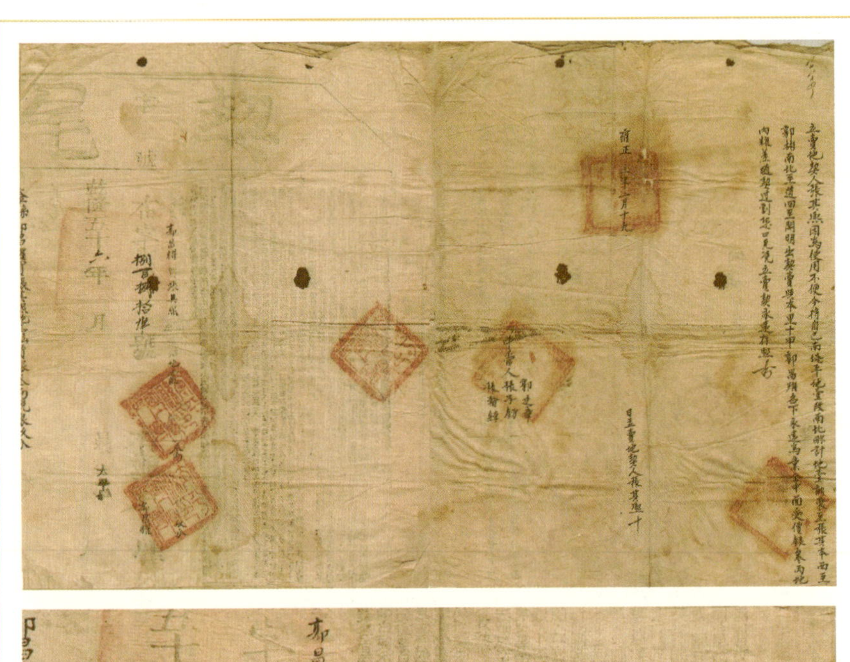

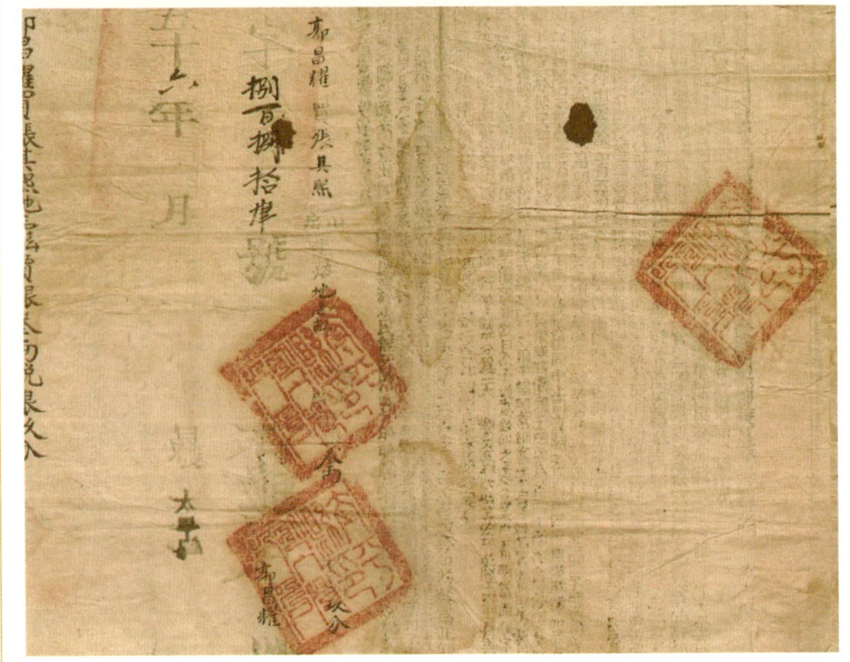

（图41）雍正三年地契

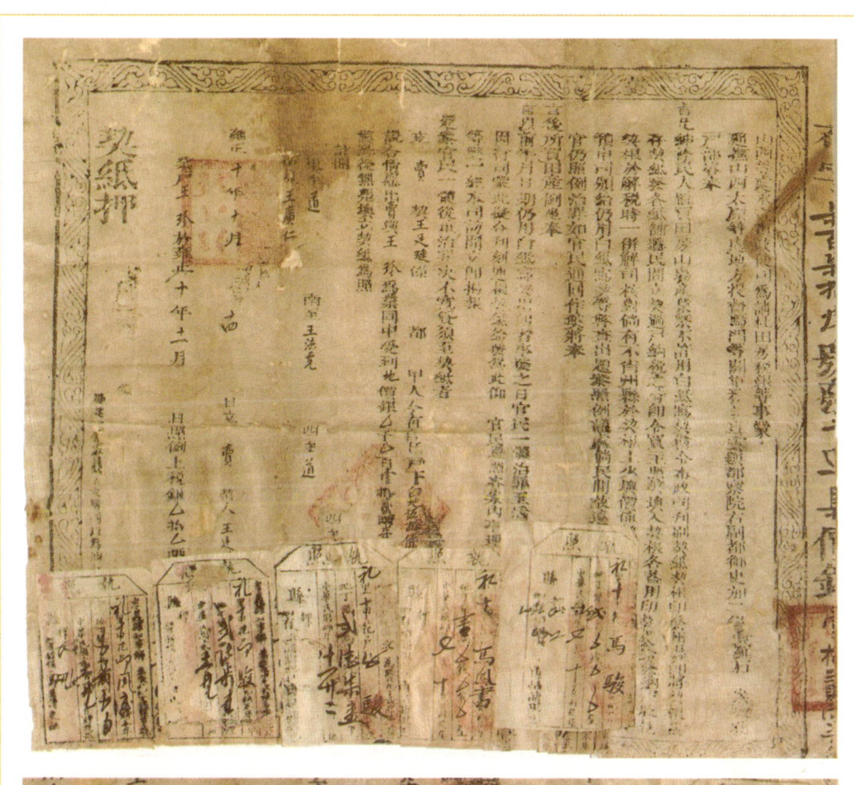

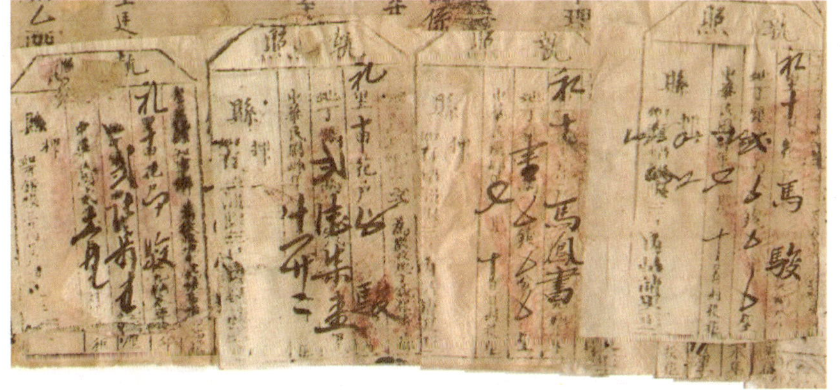

（图42）雍正十年地契

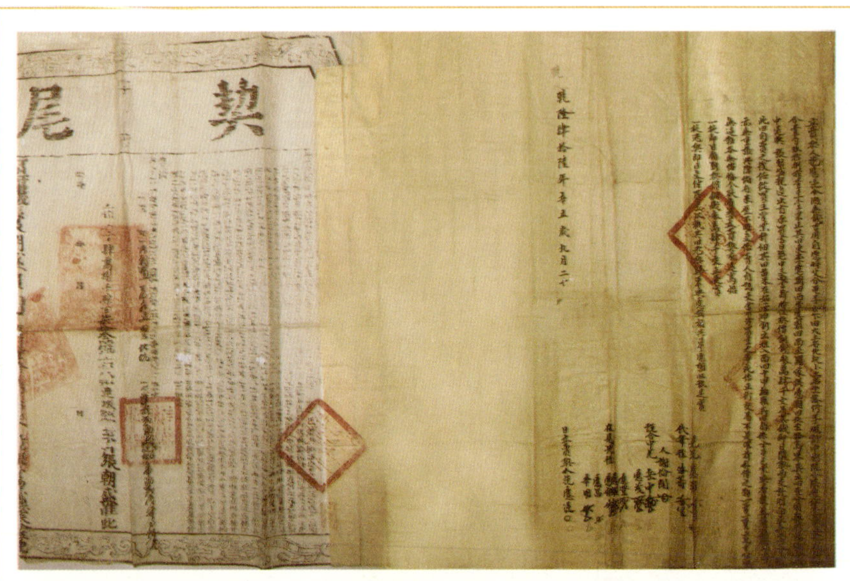

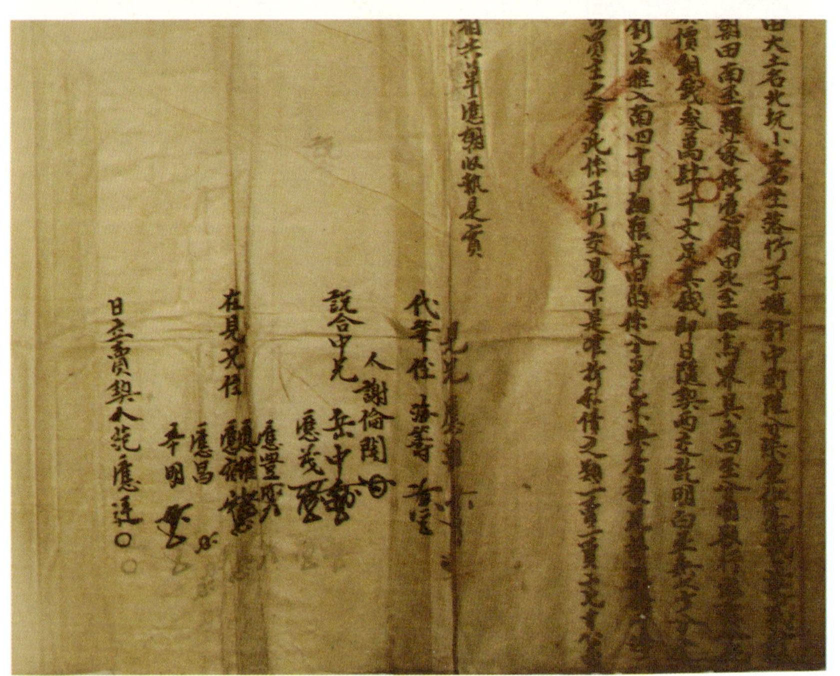

（图43）乾隆四十六年地契

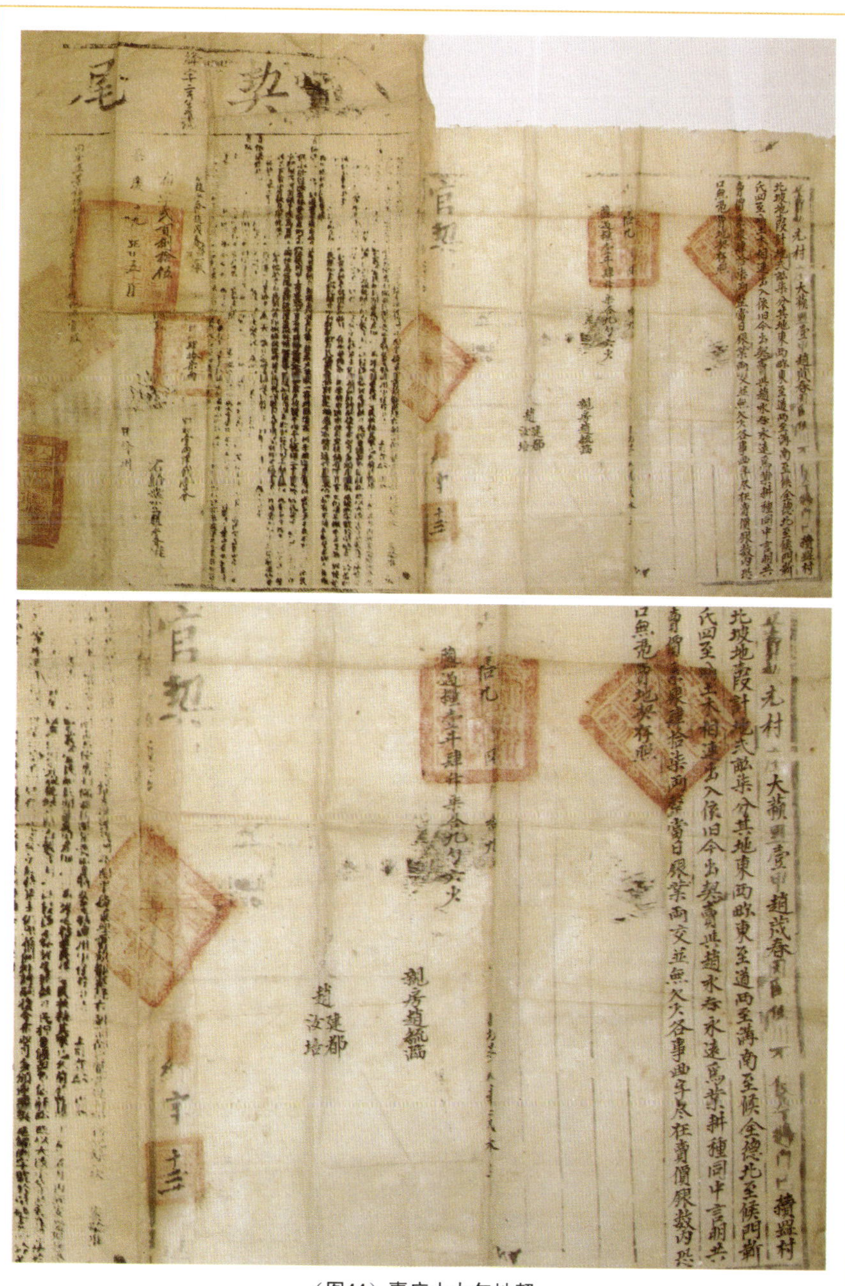

（图44）嘉庆十九年地契

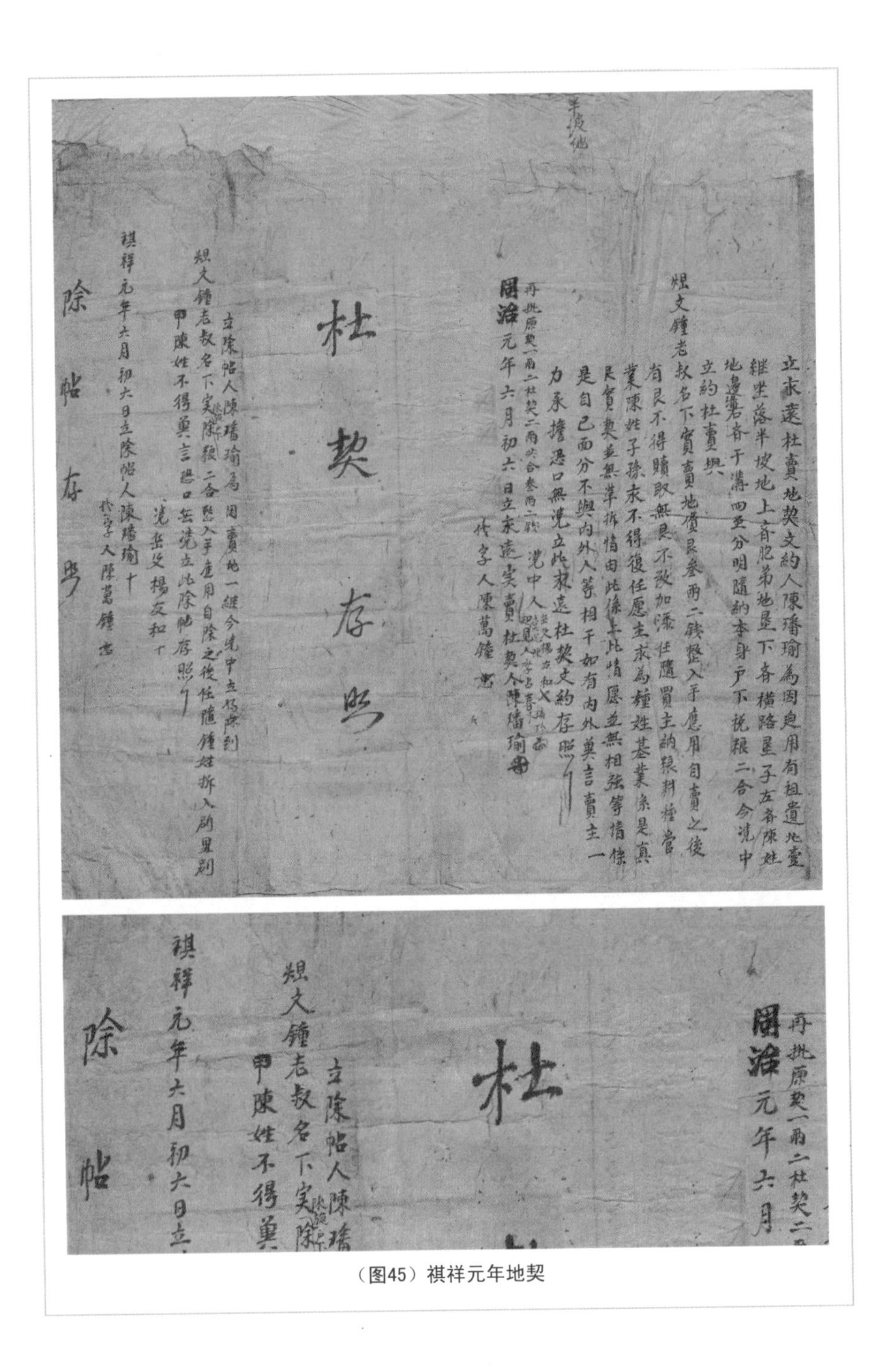

立永遠杜賣地契文約人陳璠瑜為因乏用有祖遺地壹
縱坐落半坡地上齊胞弟地埂下齊橫路埂子左齊陳姓
地邊溝右齊干溝四至分明隨納本身戶下稅粮二合今凭中
立約杜賣與
煜文鍾老叔名下實賣地價銀叁兩二錢整入手應用自賣之後
有銀不得贖取無銀不致加添任隨買主納粮耕種管
業陳姓子孫永不得復任愿主永為鍾姓基業係是真
銀實契並無準折情由此係兩比情愿並無相強等情係
是自己面分不與內外人等相干如有內外異言賣主一
力承擔恐口無凭立此永遠杜契文約存照
凭中人
代字人陳萬鍾 押
同治元年六月初六日立永遠實賣杜契人陳璠瑜
再批原契一兩二杜契二兩共合叁兩二錢

杜契存照

立除帖人陳璠瑜為因賣地一縱今凭中立約除割
煜文鍾老叔名下實除粮二合照入手應用自除之後任隨鍾姓拆入戶里割
甲陳姓不得異言恐口無凭立此除帖存照
凭中楊友和 十
祺祥元年六月初六日立除帖人陳璠瑜 十
代字人陳萬鍾 押

除帖存照

（图45）祺祥元年地契

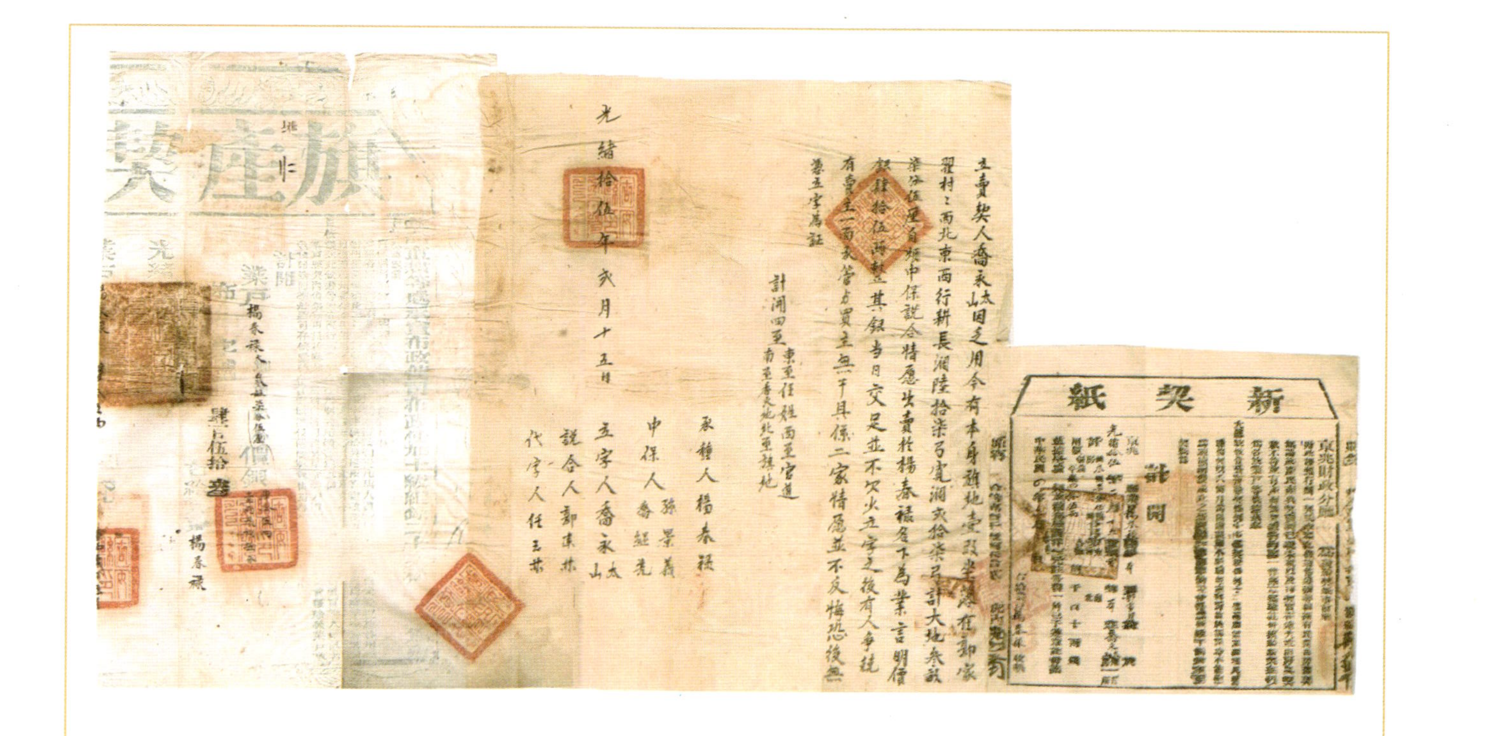

旗產契

立賣契人喬永山太因乏用今有本身旗地壹段坐落在郭家羅村之西北東西行耕長潤陸拾柒弓寬潤貳拾柒弓計大地叁畝柒分伍厘自煩中保說合情願出賣於楊春祿名下為業言明價銀肆拾伍兩整其銀當日交足並不欠少立字之後有人爭競有賣主一面承管與買主無干具保二家情願並不反悔恐後無憑立字為証

計潤四至 東至任姓 西至官道 南至喬永地 北至旗地

承種人 楊春祿

中保人 孫景義 喬紐先

立字人 喬永山太

說合人 郭東林

代字人 任玉芬

光緒拾伍年貳月十五日

新契紙

（图46）光绪十五年旗产契

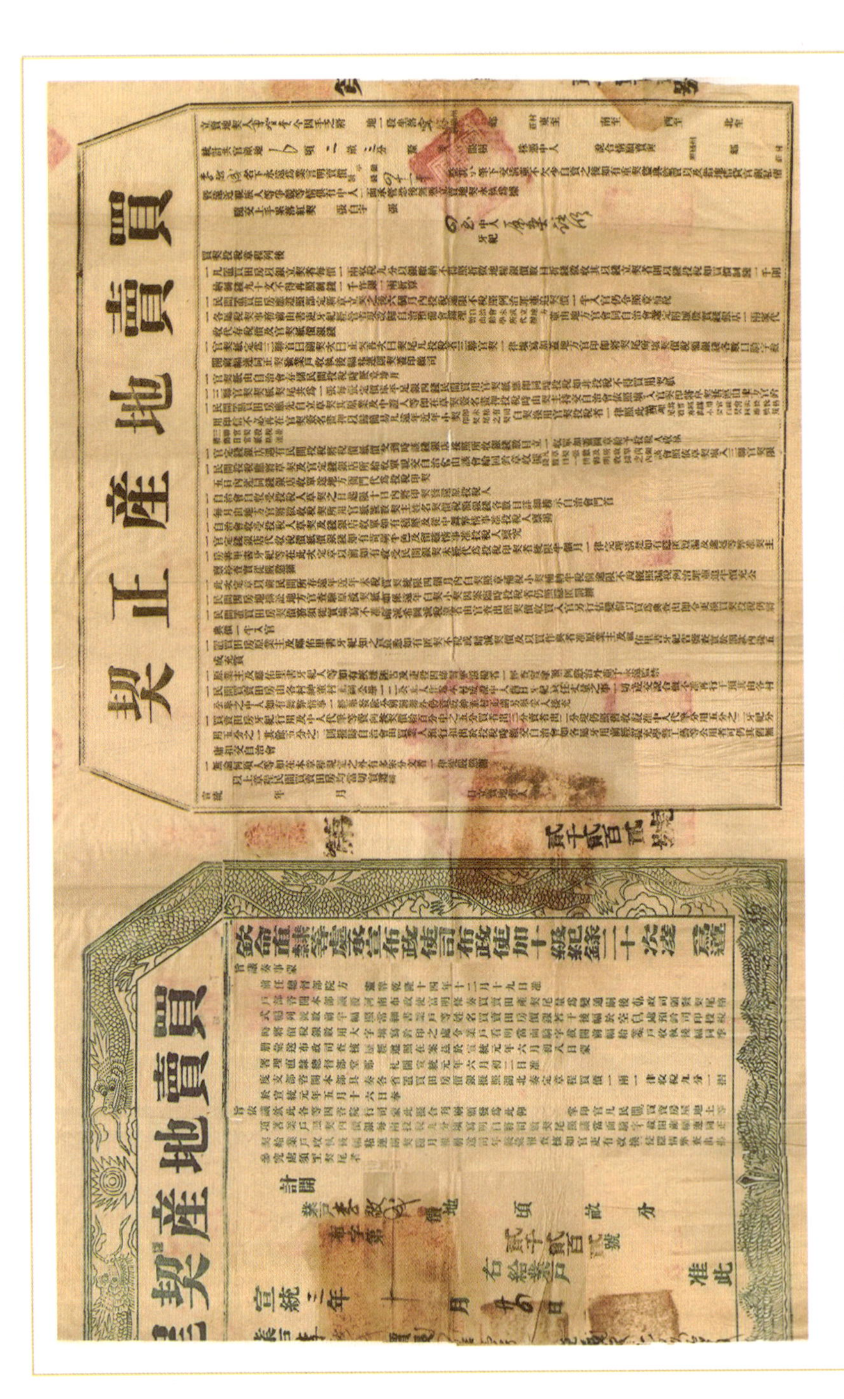

（图47）宣统三年地契

发帖

商业运输 “霸王条款”

所谓发帖，就是商家雇用脚夫搬运发送货物的合同，民间称为“脚单子”。发帖属于商业运输类合同。中国传统社会是农业社会，与土地有关的契约较多，商业类较为少见。

商业合同的一个显著特点是图章多，斜着连盖，一盖一串。本书所收《咸丰二年天顺老店发帖》（图48）共钤盖十枚“天顺永记”图章。另一个显著特点是“霸王条款”：货物短少损坏照价赔偿，拆卷脚钱不付，关税渡钱由脚户承担。看来，自古以来商业合同的权利义务都是极不对等的。

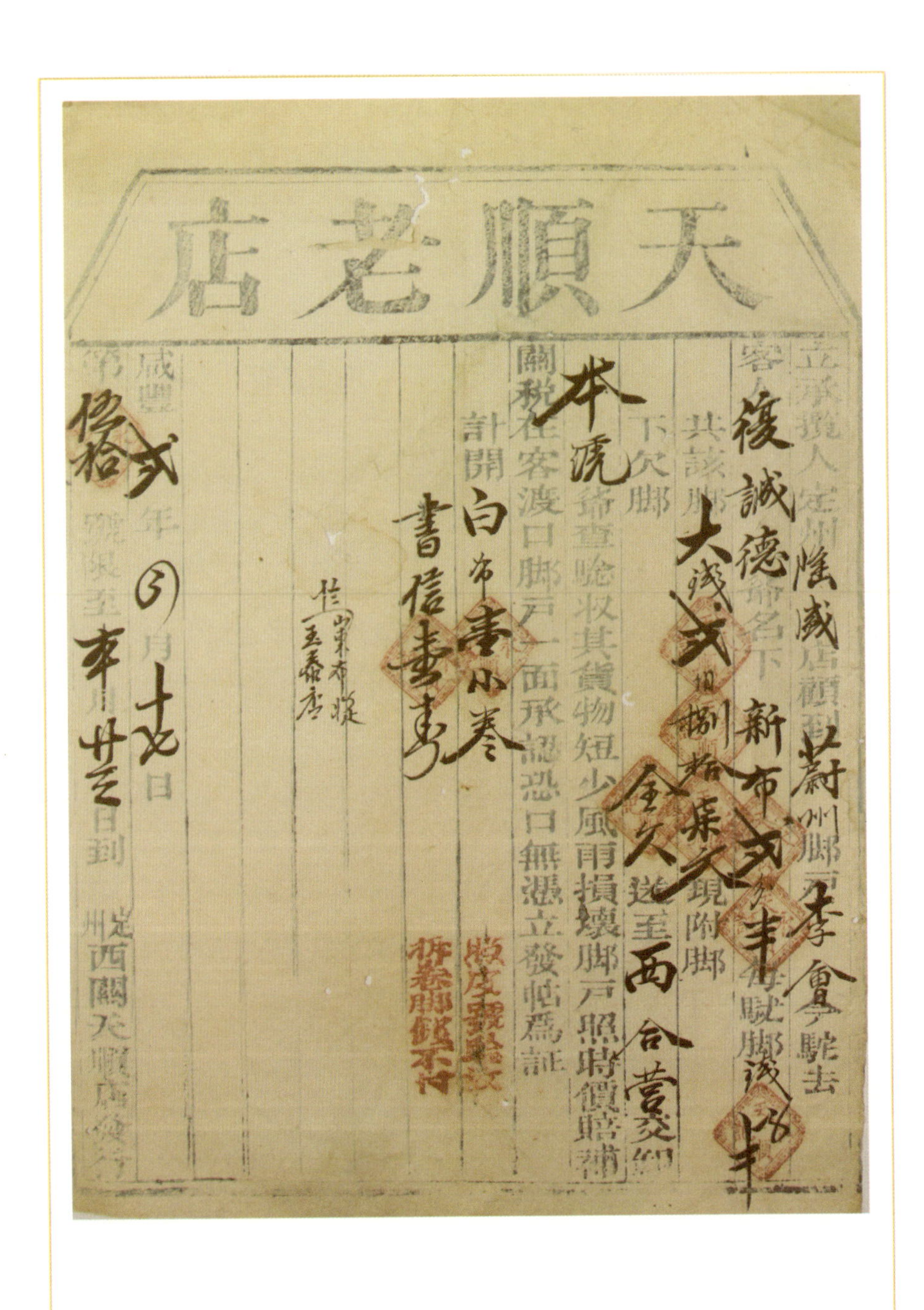
天順老店

立承攬人定州隆盛店領到蔚州腳戶李會子駝去
客人復誠德名下新布[illegible]每馱腳錢[illegible]
共該腳大錢[illegible]現附腳[illegible]
下欠腳[illegible]送至西合營交卸
本號[illegible]沿途查驗收其貨物短少風雨損壞腳戶照時價賠補
關稅在客渡口腳戶一面承認恐口無憑立發帖爲証
計開 白布 書信
咸豐貳年三月十七日
第[illegible]號限至本月廿三日到 定州西關天順店發行

（图48）咸丰二年天顺老店发帖

婚书

订婚契约 聘受礼单

中国古代婚姻讲究“父母之命，媒妁之言”，一般合法婚姻要经过纳采、问名、纳吉、纳征、请期和亲迎六个环节，合称“六礼”。纳采是由男方家庭向女方家庭提亲，获得女家许可；问名是问清女方姓名和八字，拿去占卦合婚；纳吉是卜得吉兆后，备礼通知女方家，决定缔结婚姻；纳征是男家向女家赠送聘礼，俗称“放定”，标志着双方婚姻正式确立；请期是男家择定婚期，告知女家，求其同意；亲迎即新郎亲至女家迎娶。通过清代婚书，我们可以直观地了解到中国古代婚姻的某些特征。

清代婚书并不是今人所熟悉的“结婚证”，它实际上主要是在“六礼”的第四个阶段，也就是纳征阶段，以赠送和接受聘礼为实质要件的定婚契约。清代并不存在婚姻认证的官方机构，也不存在任何证明婚姻的官方文件，接受聘礼即被视为婚姻成立的实质要件，受到法律的保护——即使没有婚书。《清律》“男女婚姻”条：“若许嫁女，已报婚书及有私约，而辄悔者，笞五十。虽无婚书，但曾受聘财者，亦是。”

清代婚书大多数为红纸折书，偶见其他色纸，讲究成对的龙凤帖子和礼单装在相同颜色的纸套中，纸套上用金彩印着“一品当朝”之类的喜庆题材版画，许多婚书的封面也都印有精美的版画，多是“广寒宫殿”、“五子登科”一类喜庆题材，常用金彩套印。婚书有一些较为固定的格式和用语，开始写“忝眷×××薰沐端肃拜”，文内多用“启”、“上”、“恭惟”、“仰冀”、“敬诺”、“奉申”等尊语，最后署“龙飞”×年×月×日，以“穀旦”表示吉日，并书“再顿首”，行文显得文雅而谦恭。有的婚书内即开具礼单，有的以红纸另书，首页写“双喜”二字。婚书多以端正的馆阁体楷法恭书，是其他民间契约无法比拟的，显示了婚姻在人们生活中的重要性。

本书选收八件婚书，3件礼单，反映了清代中期以后婚书的基本形式和内容。

《道光二十四年婚书》（图49）较为别致，页首书“鸾章”二字，婚书内开列礼单，后署“大清道光岁次甲辰”，当在道光二十四年。

《道光三十年婚书》（图50）页首印版画一幅，上书“太平天子朝元日，五色云中驾六龙”。大概这是位读书人家，随后开列的礼单中有“周易全套”、“文笔成包”、“竹纸成刀”、“徽墨贰锭”，完全不同于一般人家彩礼中的金银绸缎。

《咸丰六年婚书》（图51）则在页首书一“正”字，婚书内未开具礼单，大概是在“请期”阶段所书。

《同治元年婚书》（图52）页首以金彩印版画“广寒宫殿”一幅，婚书内未开列礼单。此婚书印制精美，用词文雅，书法亦佳，是典型的“馆阁体”。

《同治七年婚书》（图53）未用红纸，页首书“鸾凤配合”四字，大概是婚礼初期所用。

《同治十年婚书》（图54）页首开宗名义直书缘由，随后开列礼单，不同于其他婚书用词婉转讲究，别具一格。

《光绪十九年婚书》（图55）页首套金印版画“广寒宫殿”一幅，婚书内未开列礼单，用词文雅讲究，书法清雅中不失厚重。

《宣统三年婚书》（图56）页首金彩印版画“五子登科”一幅，未开列礼单。

通过三张《礼单》（图57、图58、图59），可以详细了解清代的彩礼都兴些什么。随着时代的发展变化，彩礼也相应发生了变化，它无不打着时代的烙印，反映了不同时代人们对美好生活的向往和追求。抚今追昔，会让人生出很多感慨。

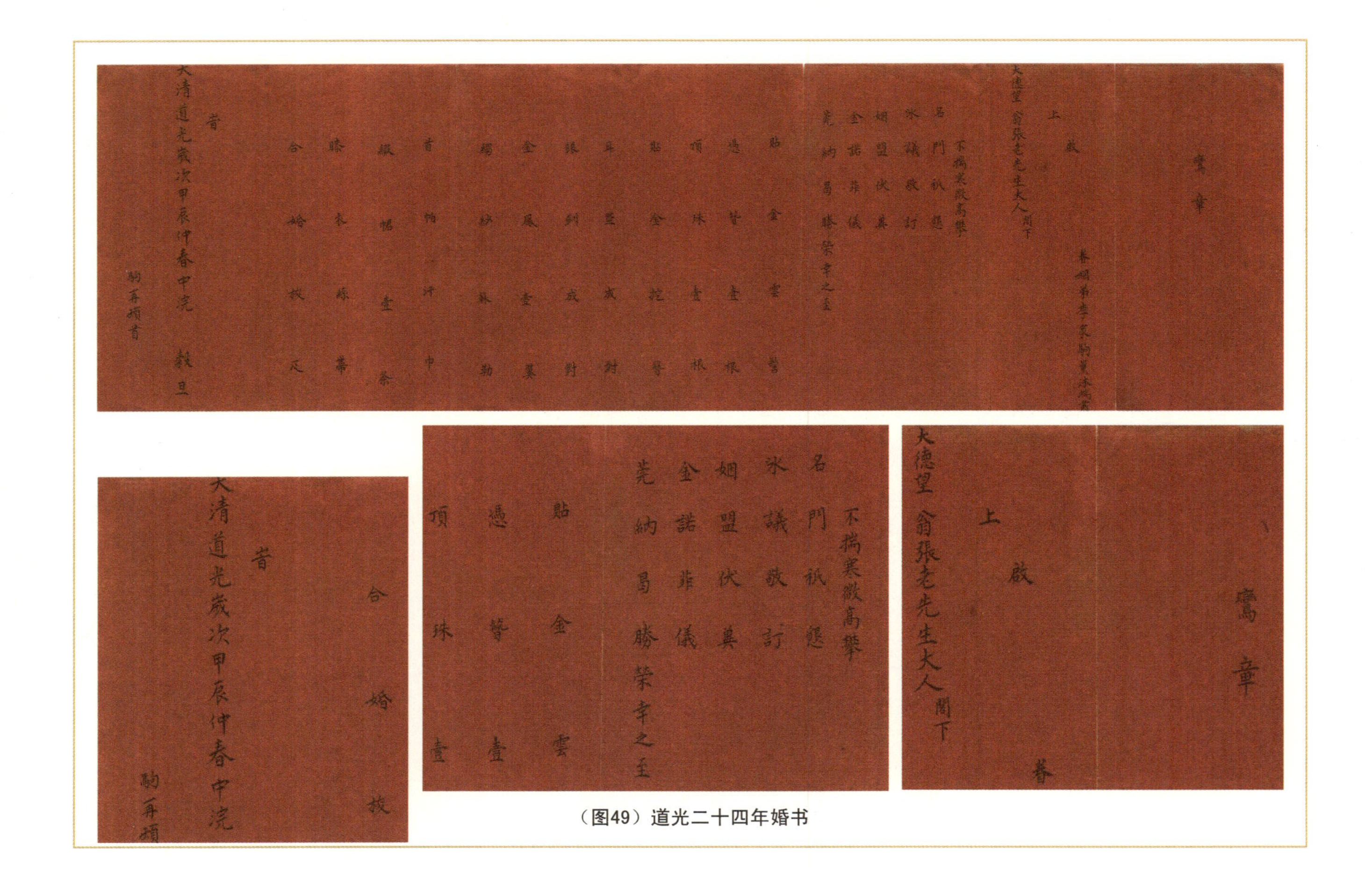

（图49）道光二十四年婚书

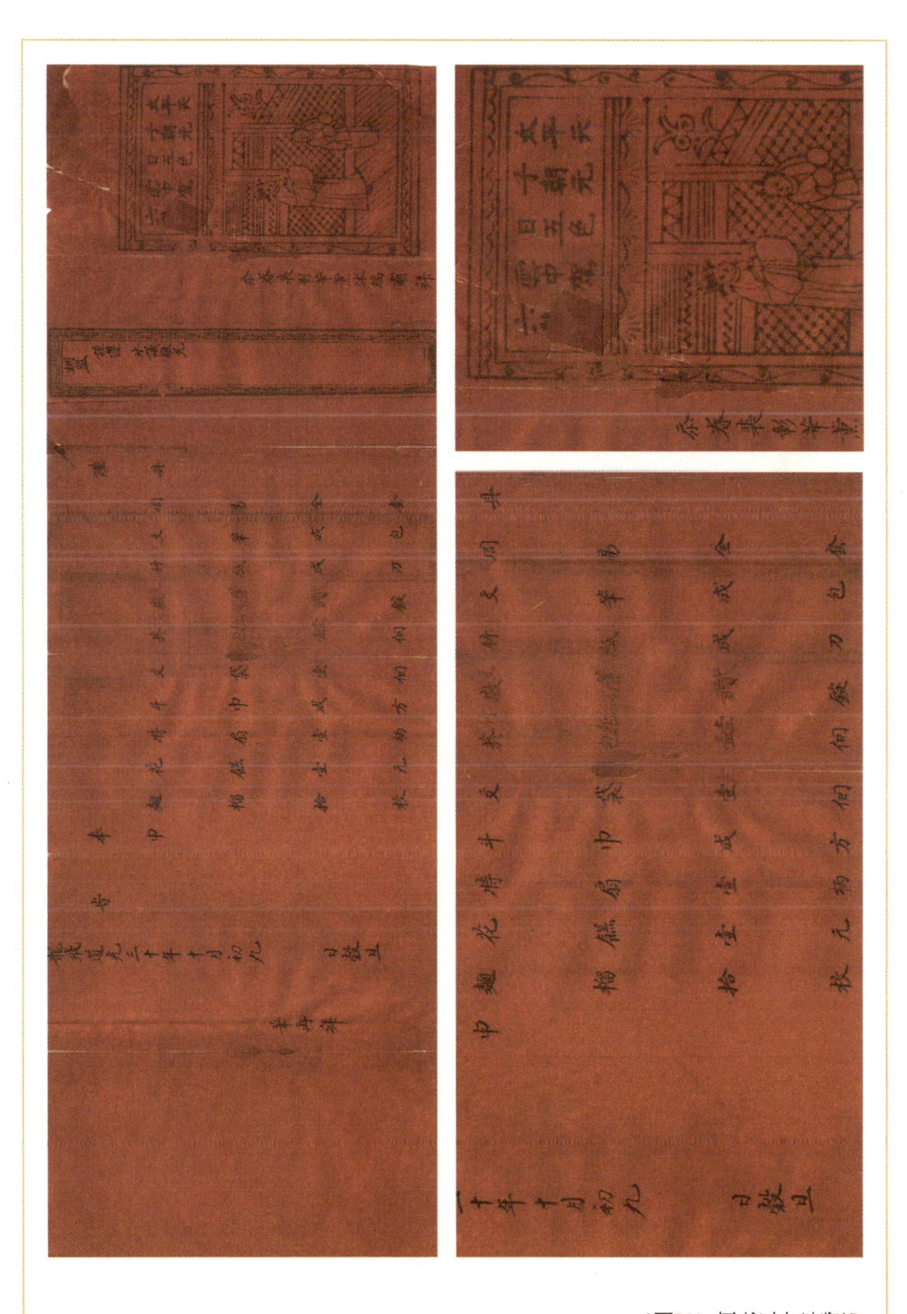

（图50）道光三十年婚书

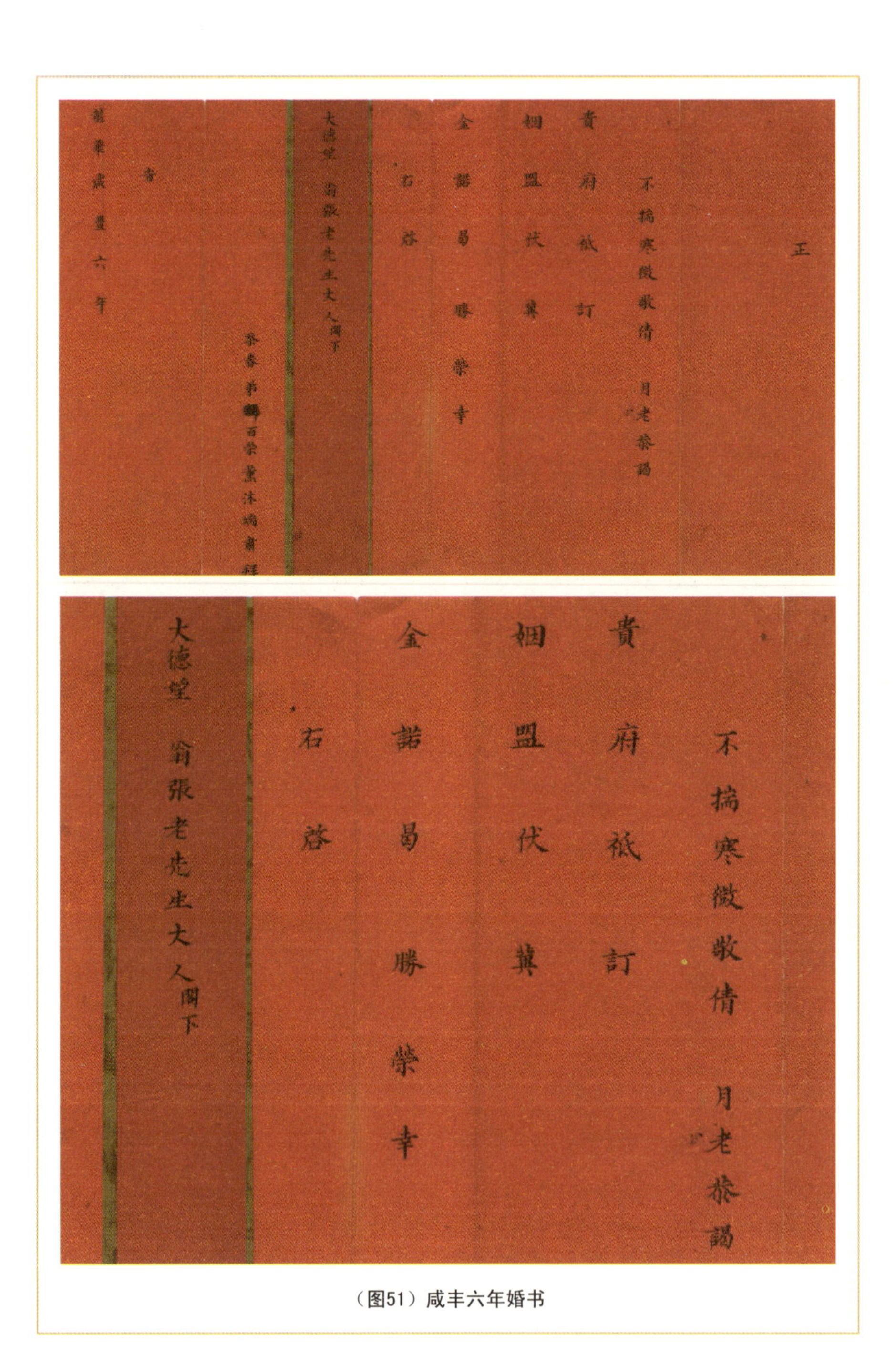
正
不揣寒微敬倩 月老恭謁
貴府祗訂
姻盟伏冀
金諾曷勝榮幸
右啓
大德堂 翁張老先生大人閣下
眷春弟 百拜薰沐端肅拜
吉
龍飛咸豐六年

（图51）咸丰六年婚书

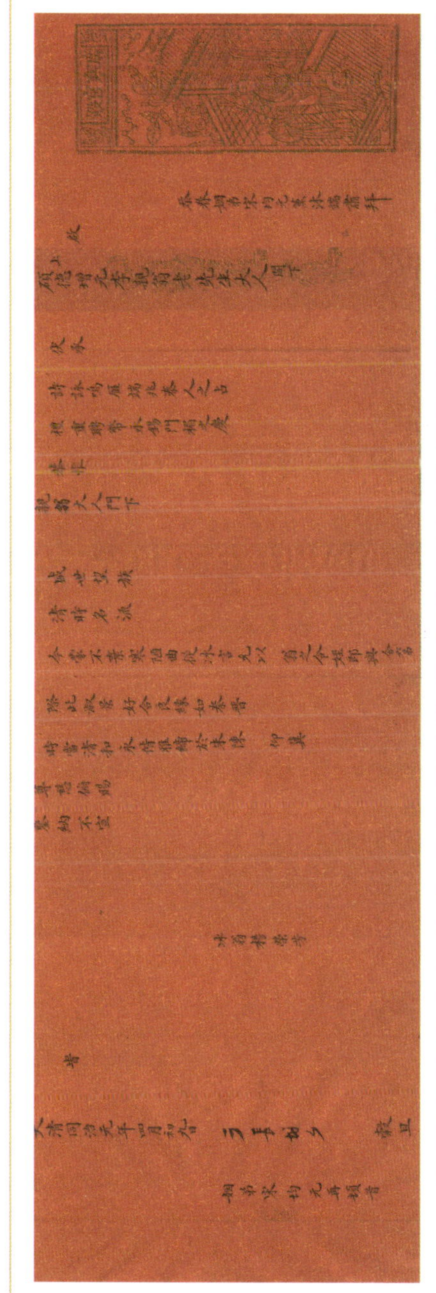

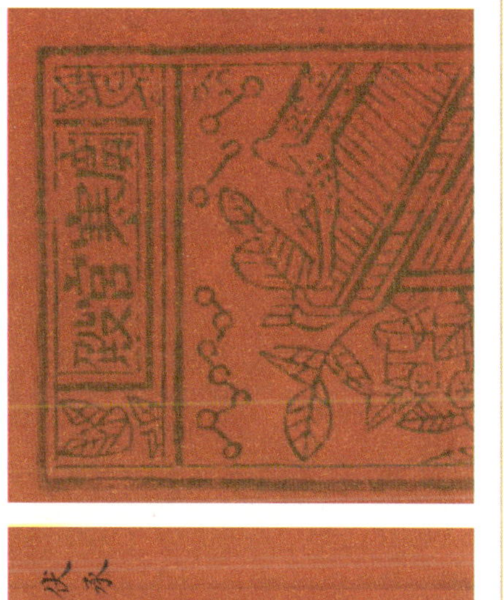

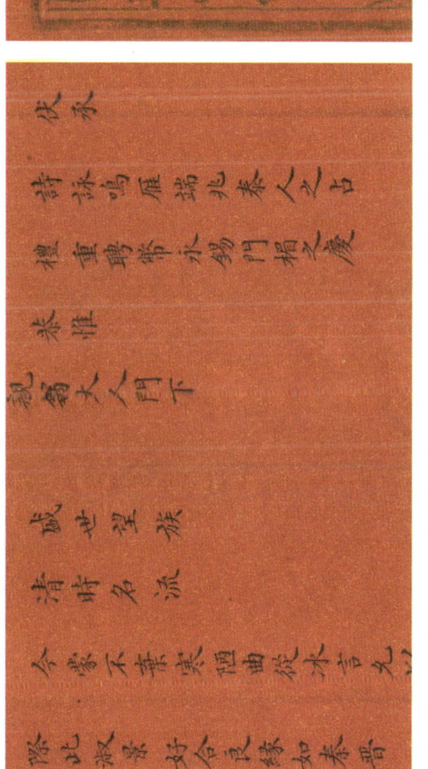

伏承

詩詠鳴雁端兆泰人之占

禮重聘幣亦錫門楣之慶

恭惟

親翁大人門下

盛世望族

清時名流

今蒙不棄寒週曲從冰言允以

際此淑景　好合良緣　如泰晋

（图52）同治元年婚书

鸞鳳配合

忝眷荣田春薰沐端肅頓首拜

旹

龍飛大清同治柒年菊秋念 日穀旦敬諾

春

再頓首

（图53）同治七年婚书

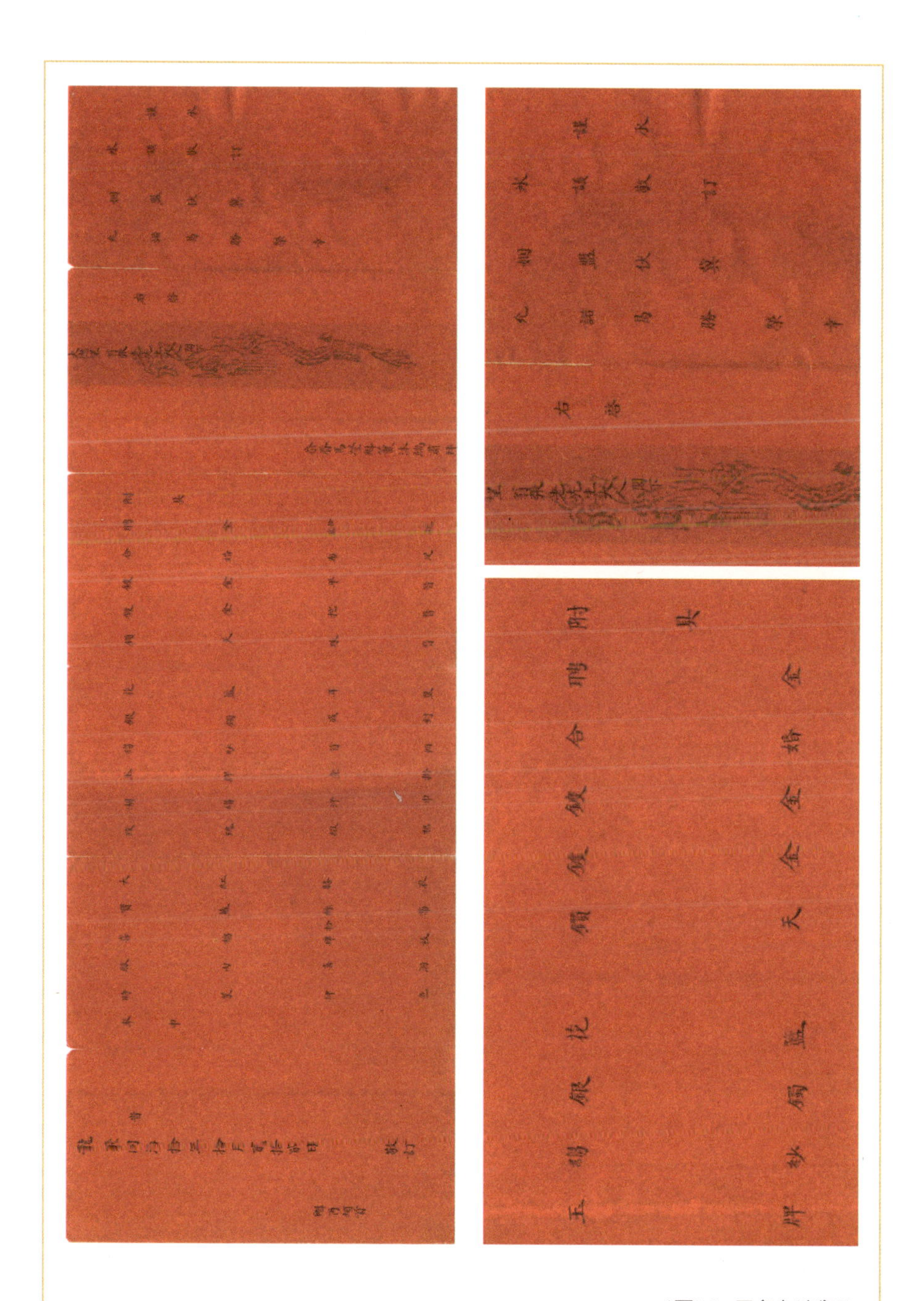

（图54）同治十年婚书

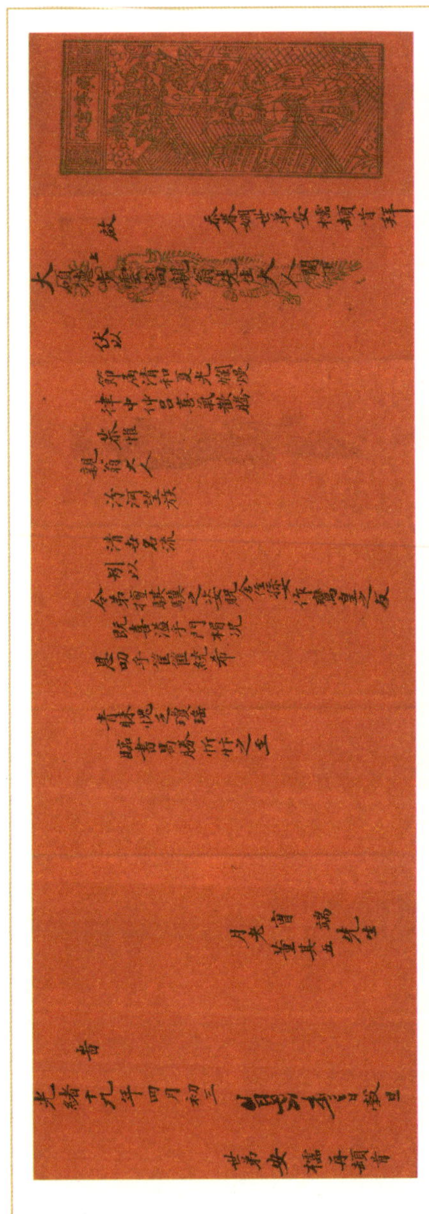

啟

眷姻世弟安樞頓首拜

大碩德步雲高親翁先生大人閣下

伏以

節屆清和夏光爛熳

律中仲呂喜氣歡騰

恭惟

親翁大人

汾河望族

清平名流

划以

令弟擅騏驥之姿貺令侄孫女作鸞皇之友

既喜溢乎門楣況

恩叨乎筐篚統希

青眯愧乏瓊瑤

臨書曷勝忻忭之至

月老曾端先生

董其五

光緒十九年四月初三穀旦

世弟安樞再頓首

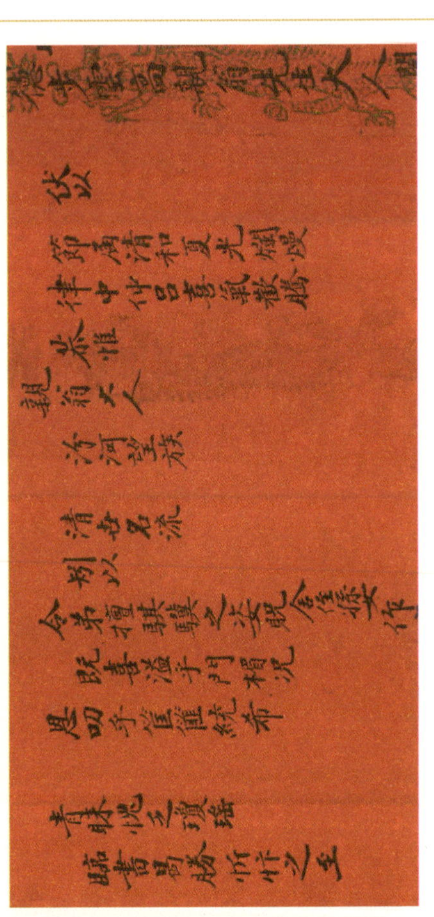

德步雲高親翁先生大人閣下

伏以

節屆清和夏光爛熳

律中仲呂喜氣歡騰

恭惟

親翁大人

汾河望族

清平名流

划以

令弟擅騏驥之姿貺令侄孫女作

既喜溢乎門楣況

恩叨乎筐篚統希

青眯愧乏瓊瑤

臨書曷勝忻忭之至

月老曾端先生

董其五

（图55）光绪十九年婚书

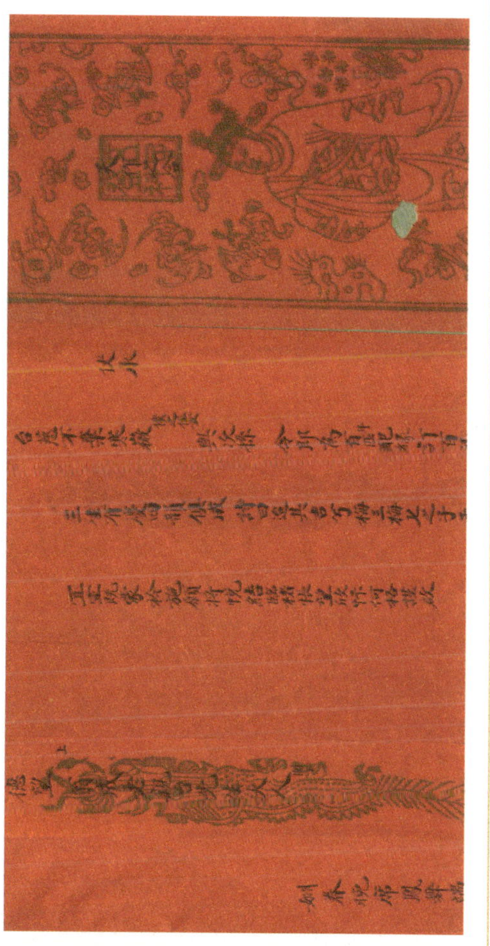

（图56）宣统三年婚书

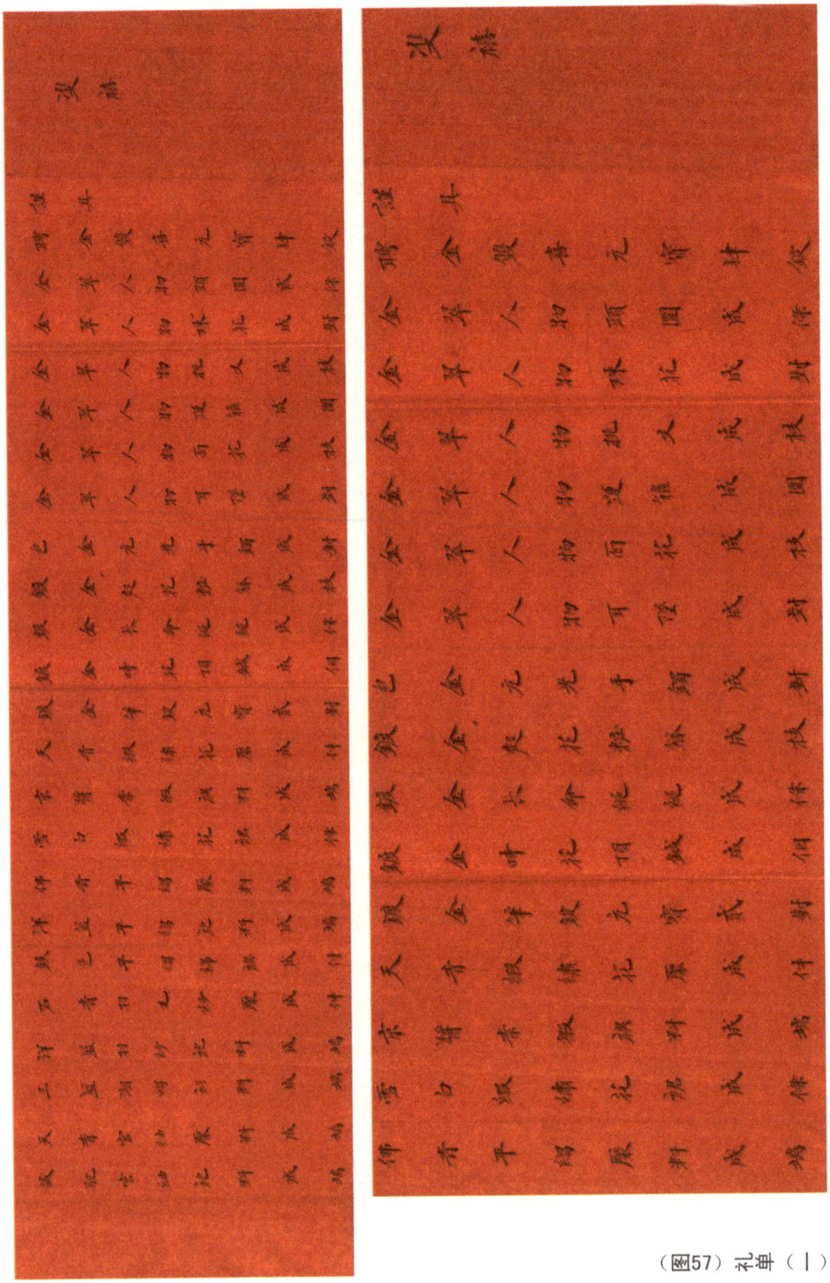

（图57）礼单（一）

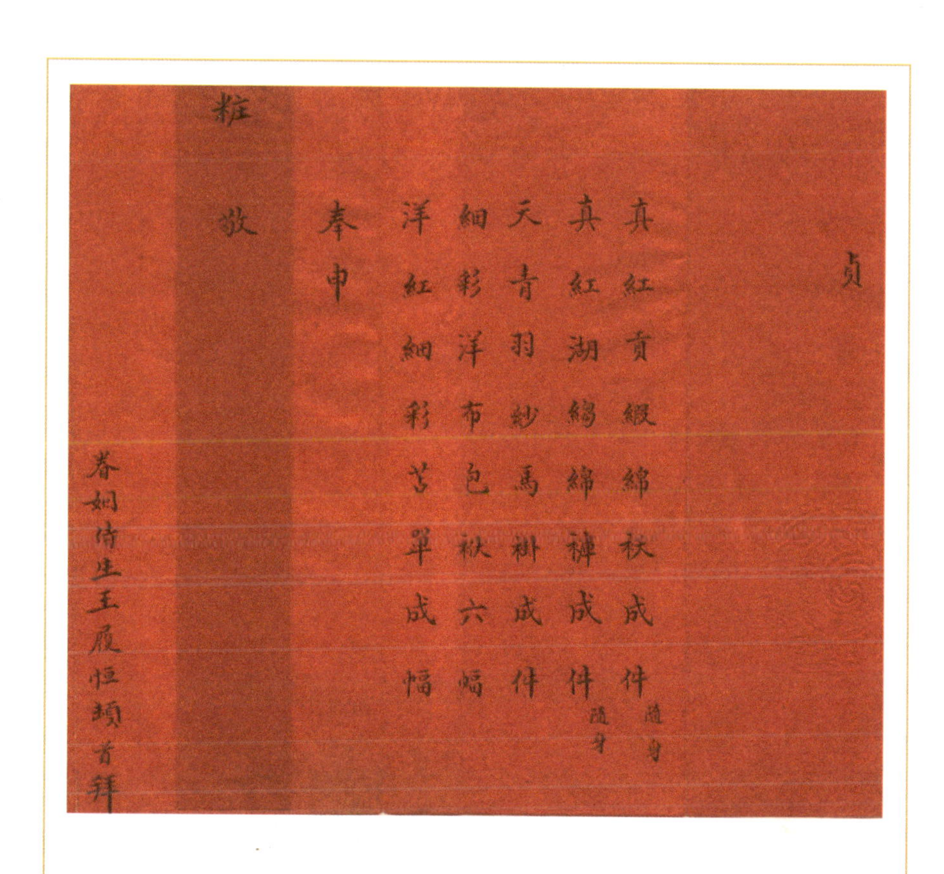

貞

真紅貢緞綿袄成件 隨身

真紅湖縐綿褲成件 隨身

天青羽紗馬褂成件

細彩洋布包袱六幅

洋紅細彩苫單成幅

奉申

粧

敬

眷姻侍生王履恒頓首拜

（图58）礼单（二）

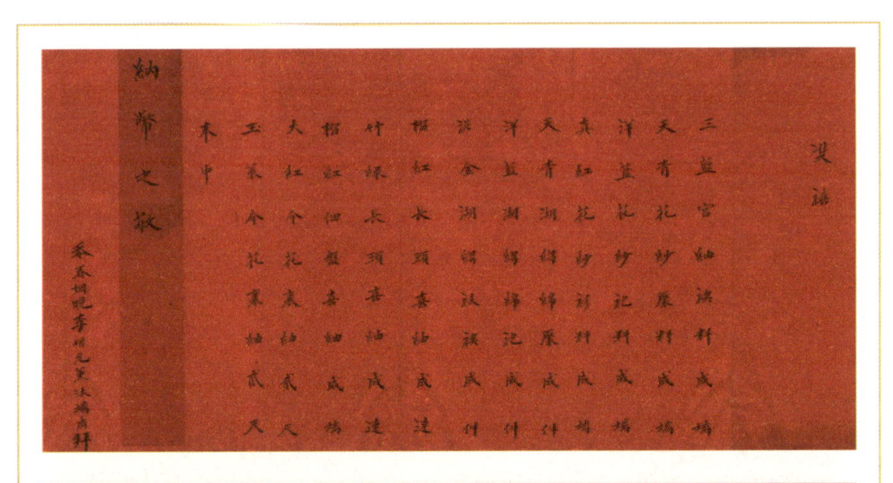

三藍宮紬襖料成端
天青花紗麼料成端
洋藍花紗袍料成端
真紅花紗衫料成端
天青湖縐綿麼成件
洋藍湖縐綿袍成件
泥金湖縐袄襖成件
榴紅長頭喜紬成連
竹綠長頭喜紬成連
榴紅佃盤喜紬成端
大紅介花裹紬貳疋
玉茶介花裹紬貳疋

納幣之敬

（图59）礼单（三）

禀折

请示报告　控告申诉

禀是官府中下级向上级请示报告，或私人向官府、上级主管部门陈述、请求，或控诉人向官府控告、申诉特定事项的文书。按照不同的性质，也可区分为禀帖、禀文、禀札、禀折、禀状等。

禀折属上行文，有些固定的形式和格式。一般采用经折式，封面、封底均黑色，上有白色暗花。封面正中靠上方粘一小方签，方签上用楷书写一“禀”字。禀折开头的格式一般是“具禀人×××”或“具呈人×××”，随后禀明事项，正文后往往附有批示。禀折多用白纸书写，亦有用红纸者，因而有“红禀”、“白禀”之分。本书所收《光绪二十年红禀》（图61）、《光绪七年禀折》（图60）与《光绪二十二年禀折》（图62）虽有红、白之别，但均为相同地点和相同事项，可见“红禀”、“白禀”有时并无实质区别。

这三件禀折均是嘉兴府平湖县牙户因在城隍庙外开设杂货行，捐银六十两、帖本钱一钱，请求县衙颁发牙帖，允许提前开张所上的折子，文后附有正堂批示。从这三件禀折中可以看出：在光绪七年到光绪二十二年长达十五年的时间里，尽管换了三位以上正堂大人，六十两一钱的捐银没有变化，说明平湖县的物价没有明显波动；三份批示大同小异，均要求按程序颁帖，准许先行开张，说明三位正堂都是按规矩办事的循吏。

清代一些官员有将自己信奉的格言刻成闲章，钤盖在批示之后，以代名章的习惯。《光绪二十二年禀折》（图62）上那位王姓正堂在批示后钤盖的闲章印文是“慎思明辨”。《光绪七年禀折》（图60）上的两枚印章呈蓝色，是年三月，慈安太后驾崩，这件光绪七年四月二十三日的禀折处于国丧期间，因此须钤盖蓝印。这些细节，也是很值得玩味的。

《光绪三十四年禀折》（图64）、《宣统二年禀折》（图65）系商人为向合伙人追讨股权、追讨公债禀报商务总会，请求保护自己的合法权益，反映了清末商会组织日益发达，商人权利意识日益提高的现实情况。

《光绪三十四年禀状》（图63）、《宣统三年禀状》（图66）系向官府呈控犯罪的诉状，它们和一般的诉状已无本质区别。有意思的是，《宣统三年禀状》（图66）后钤盖了一枚当时的福建兴泉永道道尹庆蕃颁给代书刘永宗的戳记，并附有一大段批示，批示后钤盖了一枚庆蕃的闲章“清严敬慎”，使我们对这位名不见经传的镶白旗荫生有了更多的了解和认识。

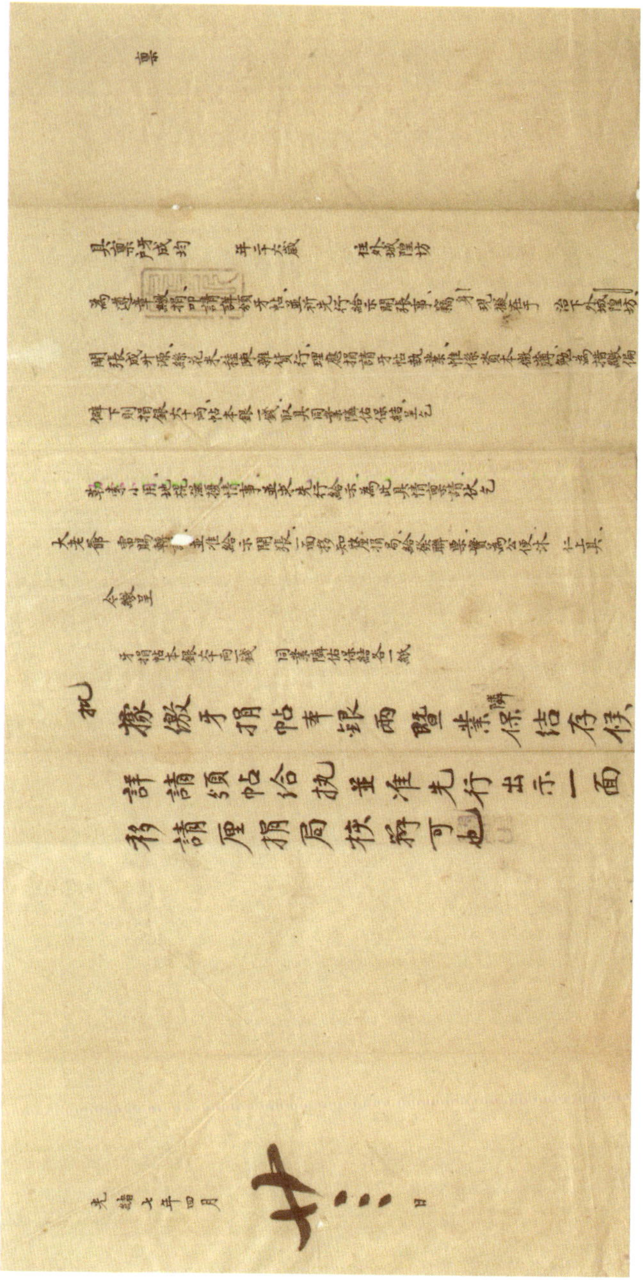

禀

具禀牙户成均　年二十六歲　住外城隍坊

為遵章繳捐叩請詳頒牙帖並祈先行給示開張事竊身現擬在于　治下外城隍坊

開張成升源絲花米糧陳雜貨行理應捐請牙帖執業惟係資本微薄勉為措繳偏

併下則捐銀六十兩帖本銀一錢取具同業隣佑保結呈乞

勒索小用地棍滋擾情事並求先行給示為此具情叩請伏乞

大老爺　電賜轉詳並准給示開張一面移知釐捐局給發聯票實為公便沐　仁上具

今繳呈

牙捐帖本銀六十兩一錢　同業隣佑保結各一紙

批

據繳牙捐帖本銀兩暨業隣保結存候

詳請頒帖給執並准先行出示一面

移請釐捐局核辦可也

光緒七年四月　廿三　日

（图60）光绪七年禀折

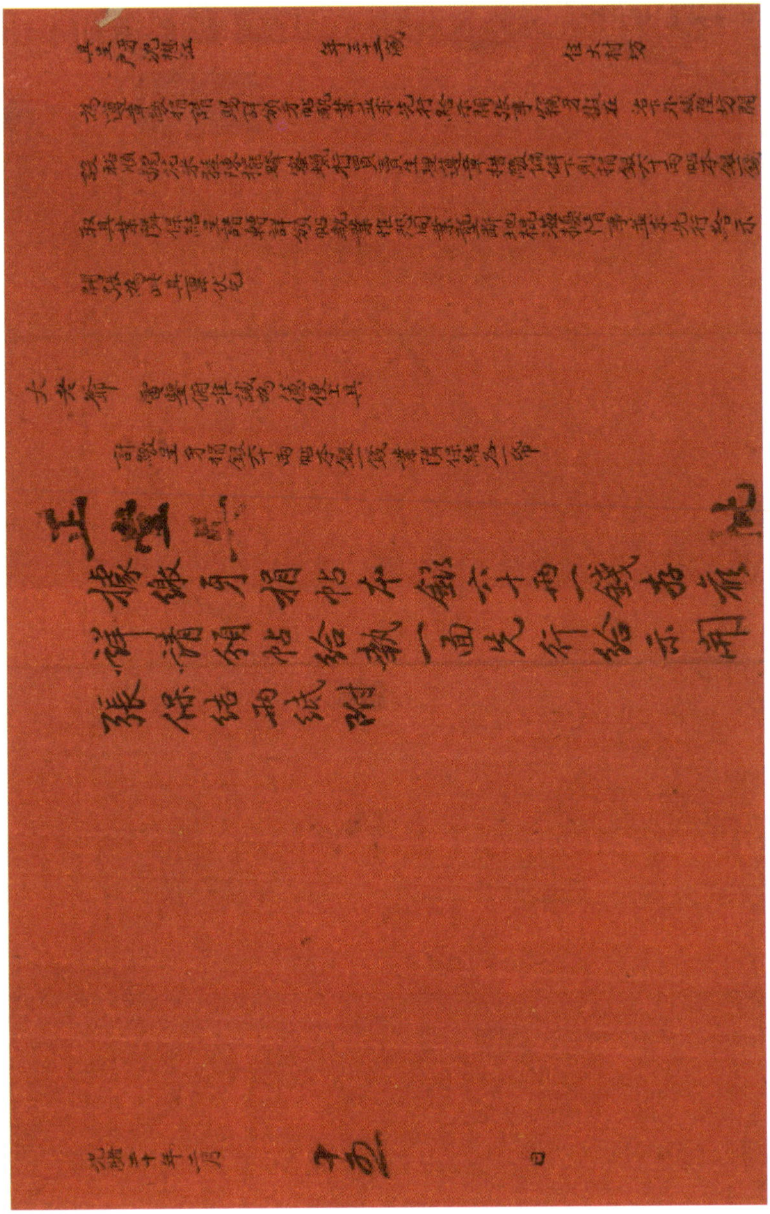

具呈戶房沈樾江　年三十三歲　住大村坊

為遵章繳捐請賜詳給牙帖執業並求先行給示開張事。竊身擬在治下水埠陸坊開設秘順號花米鼓餅牙行，買賣生理。遵章措繳餉錢下則捐銀六十兩，照本銀一錢，取具業鄰保結，呈請轉詳給帖執業。惟恐同業壟斷把持滋擾情事，並求先行給示開張。為此具禀伏乞

大老爷　電鑒俯准，誠為德便。上具

計繳呈牙捐銀六十兩、照本銀一錢、業鄰保結各一紙

正堂　批：據繳牙捐帖本銀六十兩一錢存庫，詳請頒帖給執，一面先行給示開張。保結兩紙附。

光緒二十年二月　十五　日

（图61）光绪二十年红禀

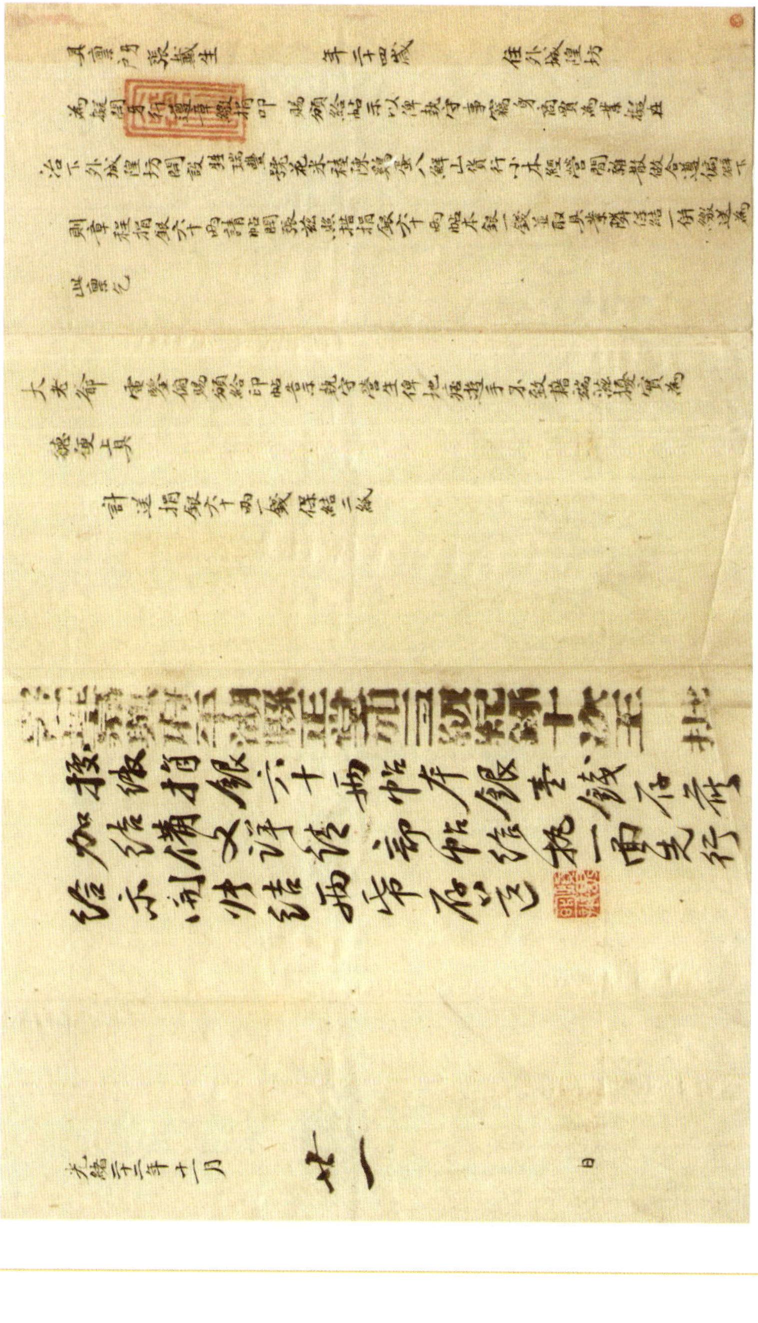

具稟門張蕭生 年二十四歲 住外城隍坊

為擬開手行遵章繳捐叩 賜頒給帖示以準執守事竊身商賈為業擬在

治下外城隍坊開設牲瑞豐號花米糧陳雞蛋八鮮山貨行小本經營間雜散做合遵例繳下

則章程捐銀六十兩請帖開張茲照捐銀六十兩帖本銀一錢並取具業鄰保結一併繳送為

此稟乞

大老爺 電鑒俯賜頒給印帖告示執守營生俾地痞遊手不致藉端滋擾實為

德便上具

計送捐銀六十兩一錢 保結二紙

[illegible]湖縣正堂加三級紀錄十次王 批

據繳捐銀六十兩帖本銀壹錢存候

加結備文詳請 部帖給挑一面先行

給示開張結兩帋存送

光緒二十二年十一月 廿一 日

（图62）光绪二十二年禀折

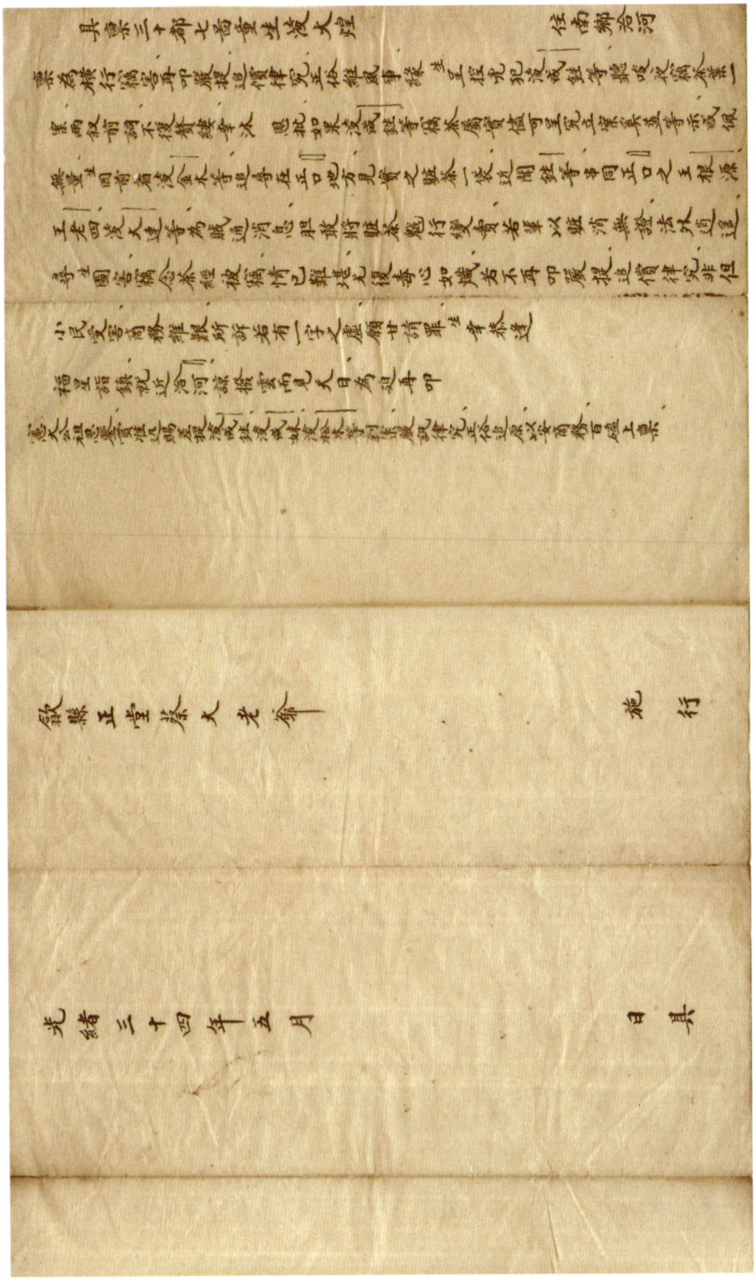

具禀三十都七畨童生淩大煌　住南鄉洽河

禀為横行竊害再叩嚴提追償律究正俗維風事緣生呈控兇犯淩戚鉎等聽唆夜竊茶葉一

案兩叙前詞不復贅縷幸沐　恩批如果淩戚鉎等竊茶屬實儘可呈究立案奚蕘等示戚佩

無量生回前看淩金木等追尋在正口地方見實之贓茶一袋追閙鉎等串同正口之王根源

王老四淩大連等為賊通消息胆敢將贓茶魁行變賣若輩以贓消無證法外逍遥

尋生圖害竊念茶經被竊情已難堪尤復毒心如熾若不再叩嚴提追償律究非但

小民受害商務維艱所訴若有一字之虚願甘請罪生幸恭逢

福星蒞鎮就近洽河諒撥雲而見天日為廹再叩

憲大公祖恩鑒賞准迅賜差提淩戚鉎淩戚妹淩松木等到案嚴訊律究正俗追原以安商務百感上禀

欽縣正堂蔡大老爺

施行

光緒三十四年五月

日具

（图63）光绪三十四年禀状

（图64）光绪三十四年禀折

具呈商人孫祝三年籍在[illegible]
以便追款而保商民事窃有觧子[illegible]
[illegible]春净盡曾於光緒三十三年九月
防廳 憲控觧子[illegible]於案蒙批[illegible]
各在案有卷可查[illegible] 會董[illegible]訊
[illegible]據 會董亦難[illegible]判商與春各[illegible]
知其[illegible]在[illegible]開設[illegible]油[illegible]商去
月現將伊求來當面相見之下伊不[illegible]
事然而商實屬[illegible]財勢皆無想
郭俊臣係該[illegible]之中證人及[illegible]

各款而保商民則不勝感德之至上叩
商務總會
協理人[illegible]

原告孫祝三住義合[illegible]號
被告觧子[illegible]住[illegible]
中證人郭俊臣住[illegible]
[illegible]中證人到會詢明

光緒三十四年十一月二十一日

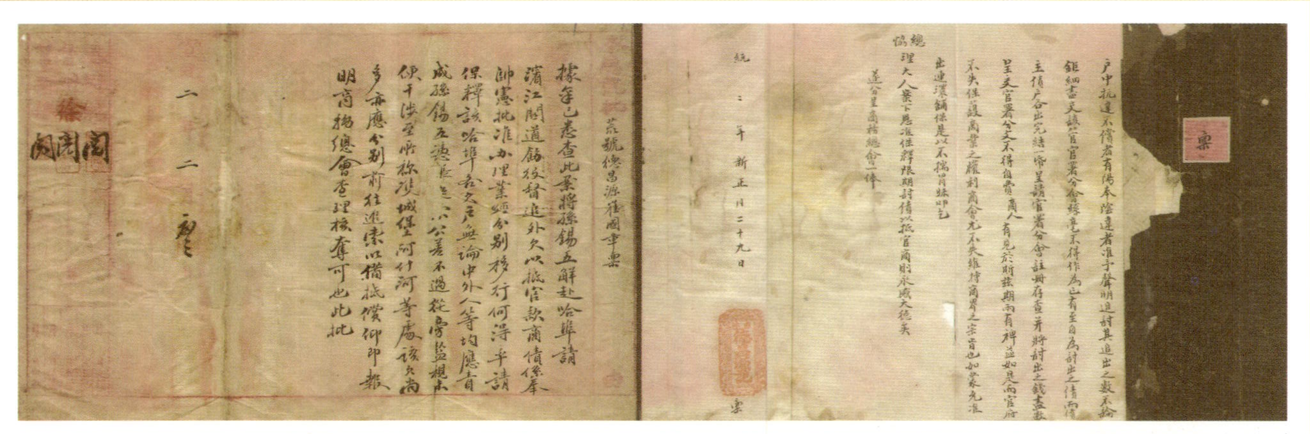

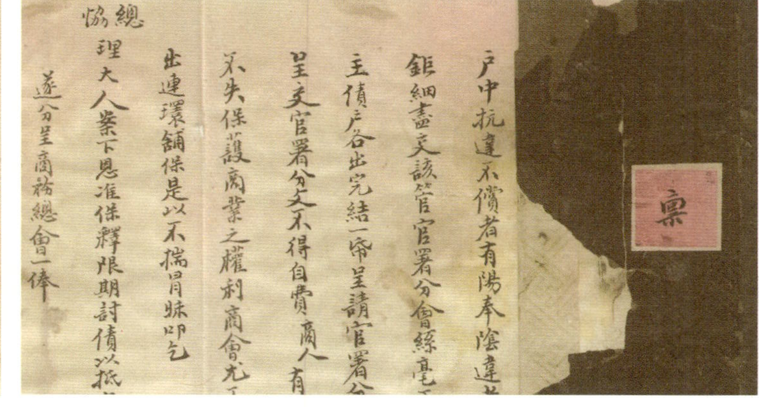

（图65）宣统二年禀折

傳呈 新案

具禀職員東屋業年二十九歲惠安縣樂善鋪爲[illegible]抗諭叩懇委

恩[illegible]乞 具况[illegible]惠[illegible]臨諭止一面革[illegible]歸案拘訊以儆[illegible]安事切業[illegible]父

洪有濟男[illegible]張謝氏 [illegible]地一片[illegible]張[illegible]佑人[illegible]張[illegible]

[illegible]主[illegible]男[illegible]訊[illegible]承[illegible]通詳 [illegible]大[illegible]一[illegible]便男不[illegible]本年三月

有[illegible]張高[illegible]與其子張高張媽[illegible]等[illegible]肉[illegible]

隨伊後牆倒塌不時[illegible]理阻[illegible]張[illegible]等[illegible]

[illegible]勝堂[illegible]縣主[illegible]男[illegible]牆[illegible]年久崩塌牆外之地[illegible]

之業[illegible]在案可[illegible]主業[illegible]傳[illegible]訊[illegible]如[illegible]父子情知理由訊[illegible]

[illegible]始[illegible]罪入[illegible]惠安[illegible]高[illegible]不[illegible]傳[illegible]訊又[illegible]

主公[illegible]於上月廿二早[illegible]地業[illegible]縣主公[illegible]

先[illegible]委[illegible]到地諭止[illegible]不[illegible]非[illegible]張[illegible]委[illegible]

移呈 電[illegible]自[illegible]拒委諭止之後[illegible]無所顧忌[illegible]連日[illegible]工[illegible]

外大[illegible]匪竟何[illegible]店屋大有[illegible]本邑無不駭然赴 [illegible]呼仍[illegible]

[illegible]何[illegible]

[illegible]傳道亦不得遂爲色[illegible]今高[illegible]入[illegible]不[illegible]官[illegible]又[illegible]

[illegible]推安[illegible]林目無王法非[illegible] 恩迅飭[illegible]惠安縣[illegible]速[illegible]

諭止[illegible]歸還一面移革張[illegible]教名嚴拘張高張媽送到案[illegible]律

懇治[illegible]俾商民安情立命 [illegible]伏乞

青天大人三廟神君 恩准如乞施行激切上叩

計繳抱[illegible]圖一張 粘抄一紙

本道慶批

丙造既已控訴，是否應候[illegible]斷如果

張[illegible]以入[illegible]諭張築[illegible]

合性詞條一面[illegible]信[illegible]

[illegible]惠[illegible]查勤[illegible]一

面[illegible]集訊[illegible]斷詳[illegible]

[illegible]

宣統三年九月 日叩

保户仙况佳[illegible]

[illegible]福建興泉永道[illegible] 宣統三年九月初二日 [illegible]劉永宗[illegible]

（图66）宣统三年禀状

谕示

指示通知　广而告之

谕示是上级对下级发布指示、命令，通知、告知某些事项的文书，使用范围很广。谕是以上告下之意，皇帝可以用上谕、谕旨告臣民，部院可以发布堂谕，地方政府可以发布示谕。示有表明使别人知道之意，因此也包含告示和通知。谕示属下行文，一般都标朱。

本书所收《同治十年谕示》（图67）是告诫每年春秋祭祀不到的文武诸生，如再贻误定行追究。按照《清律》“礼律”，违反此条要“杖一百”。有意思的是，它还加上了一条地方性的处罚：“罚砖二千条以资庙工”。

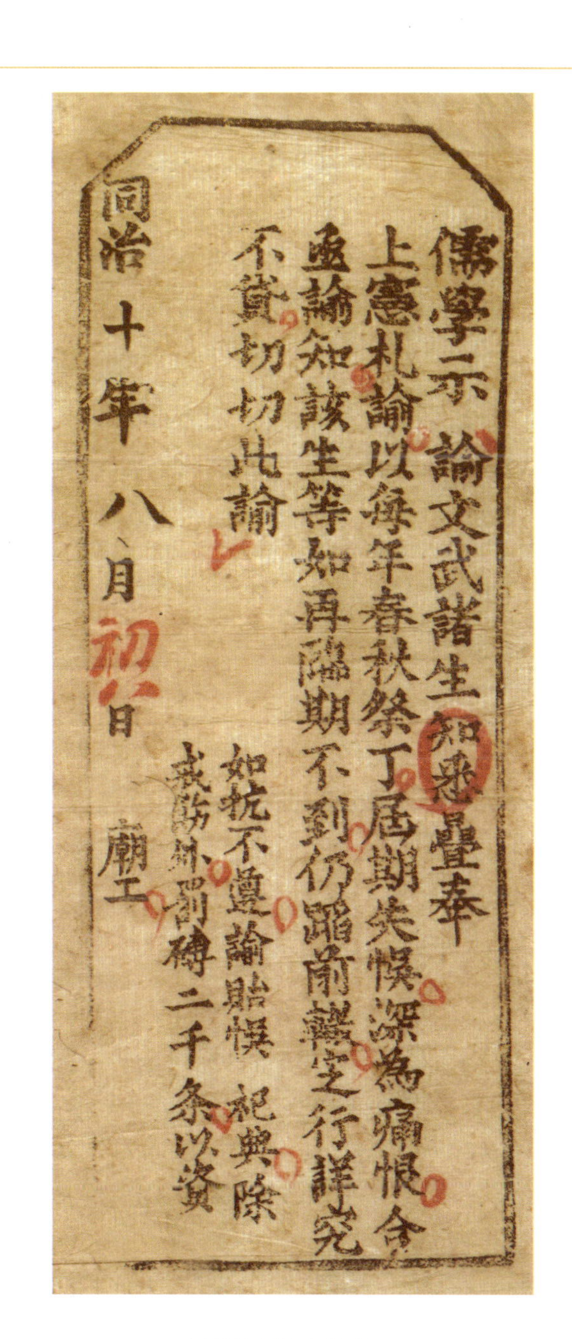

儒學示 諭文武諸生知悉壹奉

上憲札諭以每年春秋祭丁屆期失悞深為痛恨合

亟諭知該生等如再臨期不到仍蹈前轍定之行詳究

不貸切切此諭

如抗不遵諭貽悞 祀典除

衣防州罰磚二千条以資

同治十年八月初八日

廟工

（图67）同治十年谕示

当票

典当票据　格式合同

当票是当户将典当物抵押给当铺，领取抵押款，由当铺出据、当户收执用于赎取当物的凭证，实际上是格式合同。

清代当票有以下几个主要特征：（1）木版刷印，呈梯形，正上方印××当几个大字；（2）当铺填写当票用“当字”，字迹潦草，难以辨认；（3）钤盖当铺印章，也和其他商业类合同一样，斜着盖一串；（4）当铺的“霸王条款”比起其他商业类合同更狠一筹：当物折价顶多值十当五，月息三分，日期不超过两年半，到期不赎当物可以变卖，倘保管不善与当铺无关，等等。

当票本是那个时代的寻常之物，但流传至今日已然罕见。笔者十余年收集清代法律文书，所见当票多为民国时期，有的用民国当票挖款改填清代年号，有的用清代空白当票填写内容，真正清代当票非常少见。

本书所收《 光绪十九年义盛当当票》（图68），“当字”填写，斜盖四枚“义盛永记”图章，其中一枚骑缝，是典型的清代当票样式。义盛当月息二分五，以二十四个月为限，在当铺中算是比较仁义的。

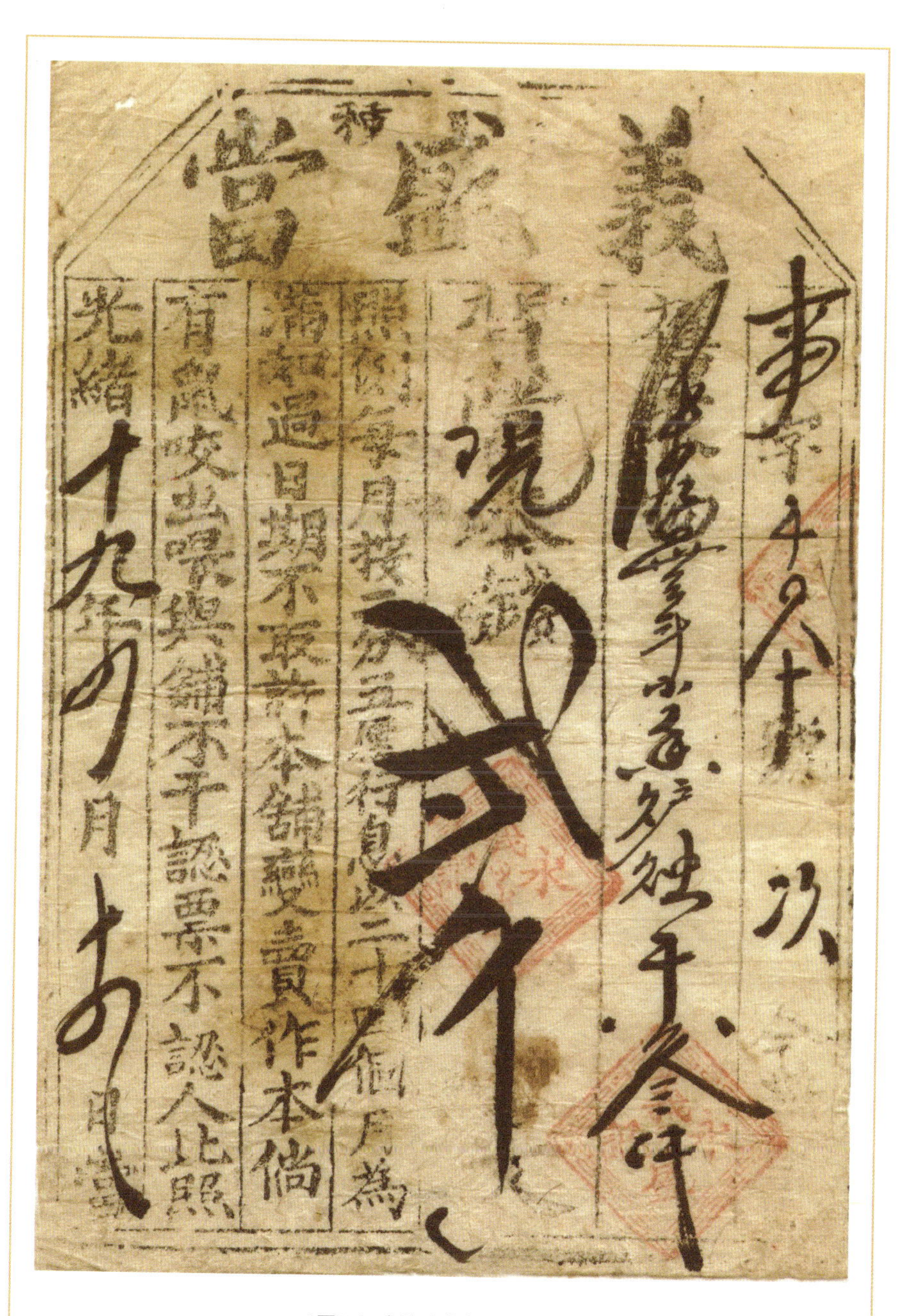
義盛當

照依每月按二分三厘行息以二十四個月為

滿如過日期不取許本舖變賣作本倘

有鼠咬虫喫與舖不干認票不認人此照

光緒 十九年 月 日

（图68）光绪十九年义盛当当票

捐照

买官卖官 明码标价

捐照是伴随着捐纳制度产生的一系列证明文书，包括户部执照、监照、存查、收照、正实收、副实收等品种。

清代捐纳制度起于康熙用兵平定三藩时，清代中期，捐例大开，日渐泛滥，到后来干脆使用空白户部执照，捐银后填上姓名，马上就能过一把当官的瘾。清末禁止再给办捐省份颁发空白执照，统一由省捐局填给实收，按月造册，报部核准后再发给执照。这个过程大约半年到一年时间。

清代户部执照保存到今天，虽然还有一定的数量，但多为中期以后，早期的已经难得一见了。它们有一些共同特点：其一，梯形版框，云龙纹，正中有“户部执照”四个大字；其二，除按一般规范标朱外，还有些特殊之处，一般在人名、捐银或职衔上画一圆圈，在正文文尾（往往是倒数第二行的下端）写一“实”字，在文书末端署款下空白处草笔一“行”字，“行”字的最后一竖往往写至底端边框甚至延伸到边框以外；其三，填写捐生姓名、年龄、生理特征、捐银及职衔；其四，开列祖宗三代之名。实收除边框无纹外，基本同于户部执照。

本书收五件捐照。《嘉庆十八年户部执照》（图69）、《道光六年户部执照》（图70）、《道光十七年户部执照》（图71）均是户部颁发给山西报捐者的证明文书。《同治二年收照》（图72）是山西捐输总局收到报捐监生银两的证明。报捐者捐给银两后，由捐输总局填写正实收和副实收，正实收交由报捐者暂时收执，副实收由局随册备查，等正式执照到后，再颁发给报捐者，换回其手中的正实收。《光绪三十四年正实收》（图73）就是当时署理两江总督的端方，因江苏水灾颁发给浙江报捐者暂时收执的证明文书。

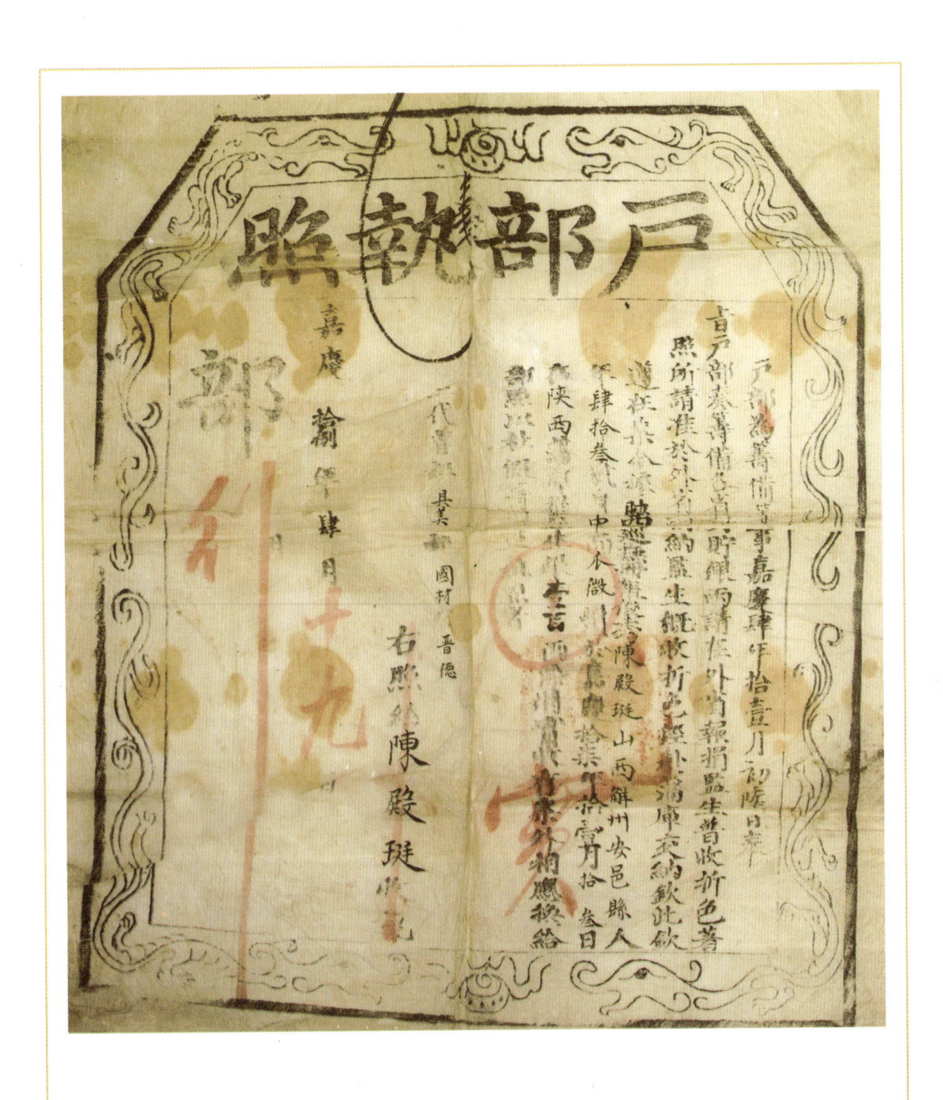

户部执照

[illegible]

右照给陈殿珽收执

嘉庆拾捌年肆月 日

（图69）嘉庆十八年户部执照

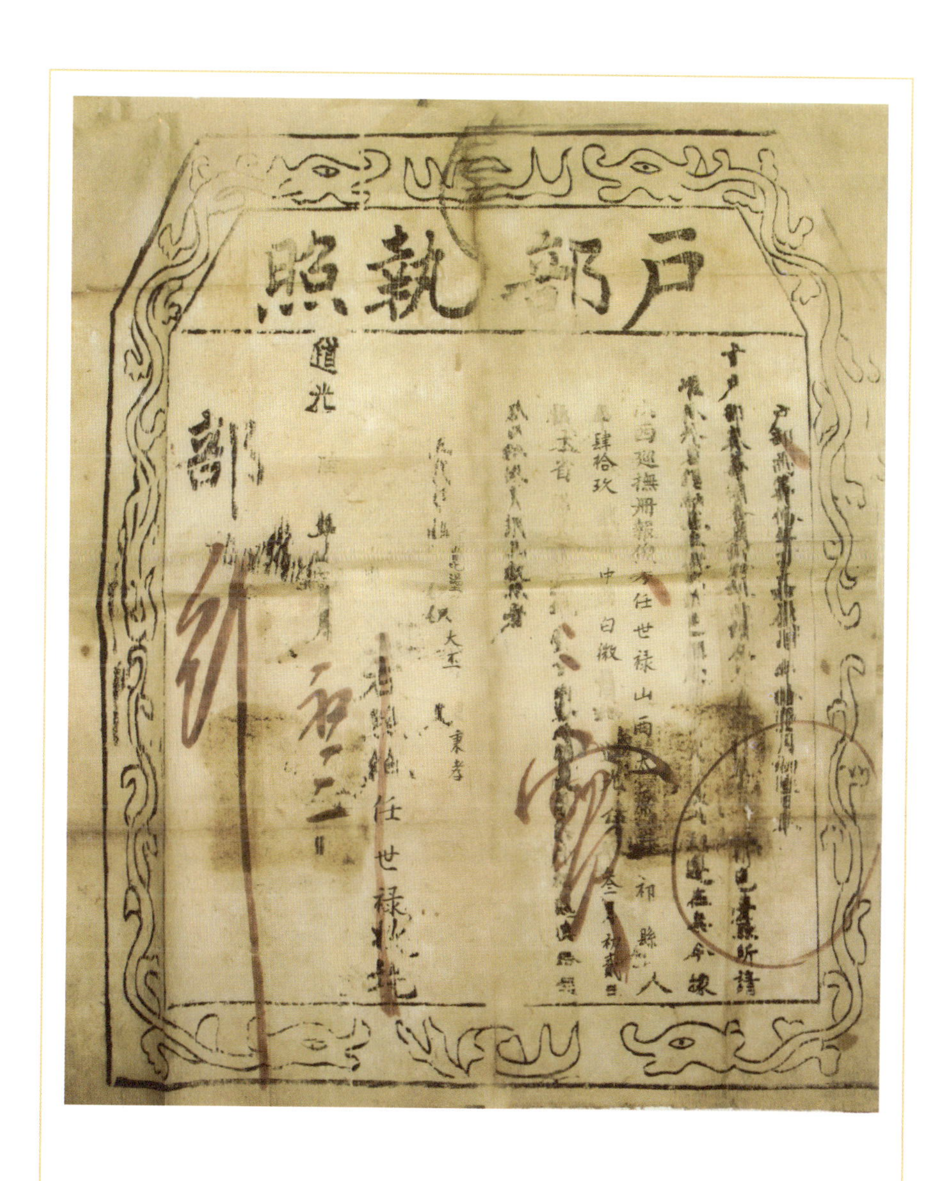
戶部執照

道光

（图70）道光六年户部执照

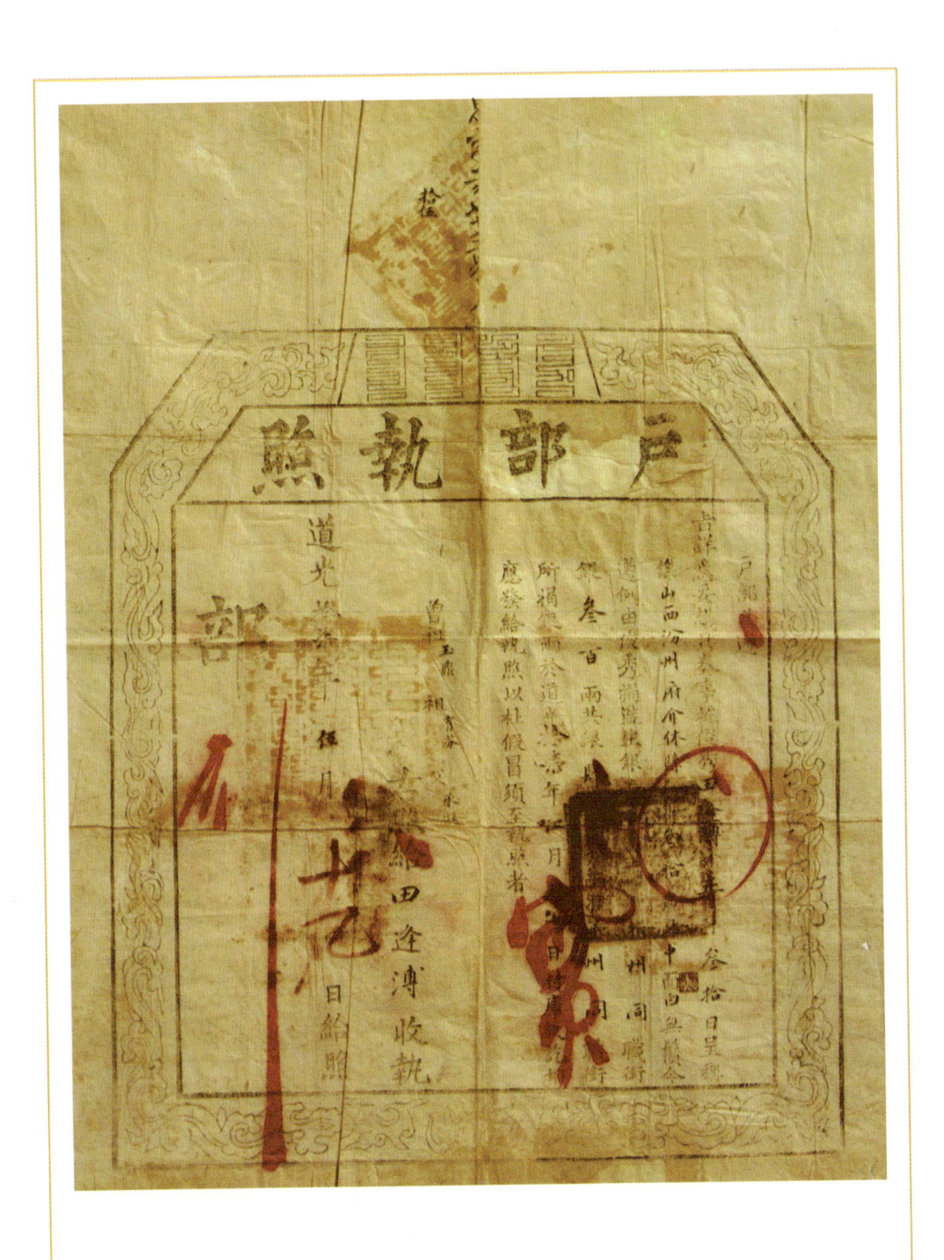
户部執照

户部為[illegible]

旨[illegible]

據山西汾州府介休縣[illegible]

遵例由俊秀捐監生[illegible]銀

銀叁百[illegible]兩共銀[illegible]

所捐銀兩於道光拾柒年[illegible]月[illegible]

應發給執照以杜假冒須至執照者

曾祖玉鼎 祖[illegible] 父[illegible]

[illegible]田逢溥收執

道光拾柒年[illegible]月[illegible]日給照

部

（图71）道光十七年户部执照

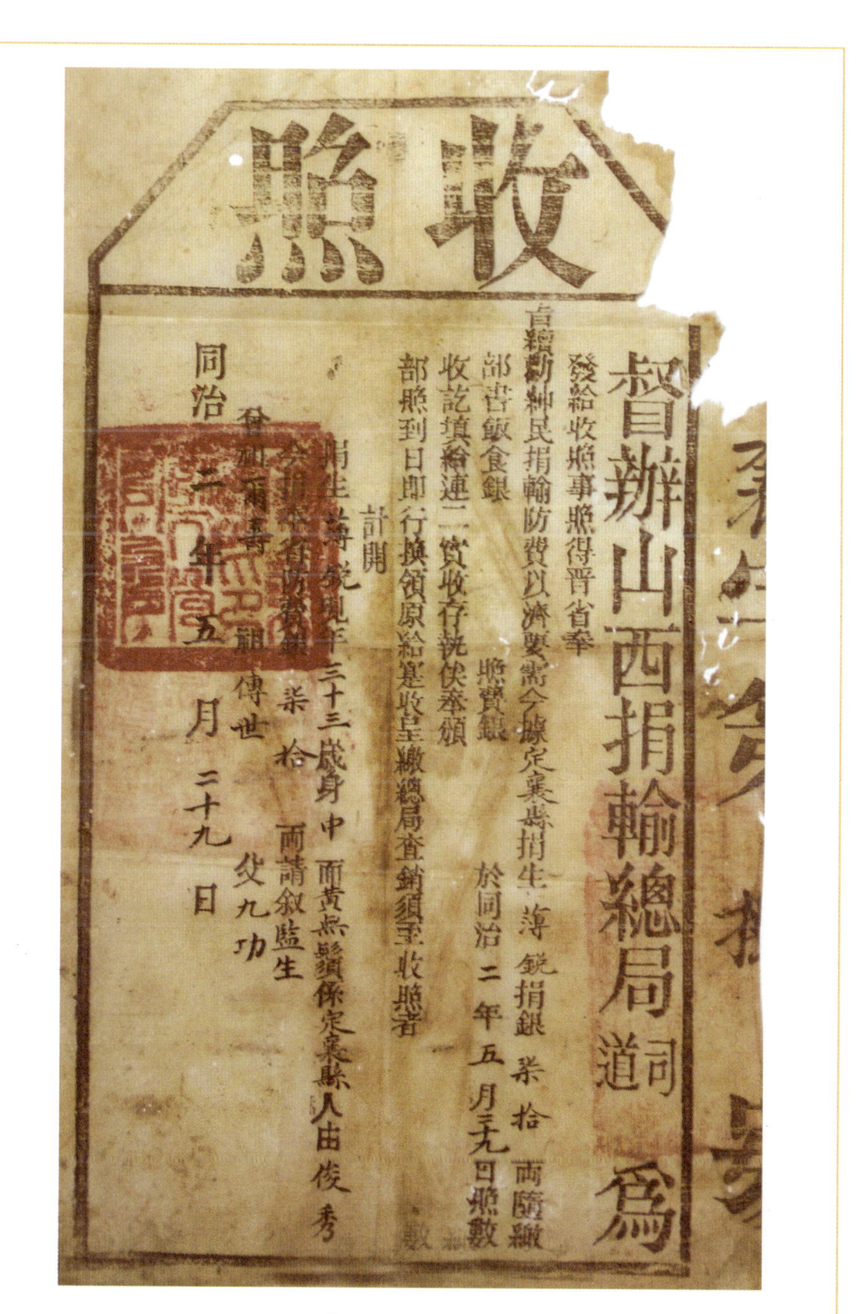

收照

督辦山西捐輸總局司道 爲

發給收照事照得晉省奉

旨續勸紳民捐輸防費以濟要需今據定襄縣捐生薄鋭捐銀柒拾兩隨繳

部照飯食銀　照費銀　於同治二年五月二十九日照數

收訖填給連二實收存執俟奉頒

部照到日即行換領原給寔收呈繳總局查銷須至收照者

計開

捐生薄鋭現年三十三歲身中面黃無鬚係定襄縣人由俊秀

今捐本省防費銀柒拾兩請叙監生

曾祖爾壽　祖傳世　父九功

同治二年五月二十九日

（图72）同治二年收照

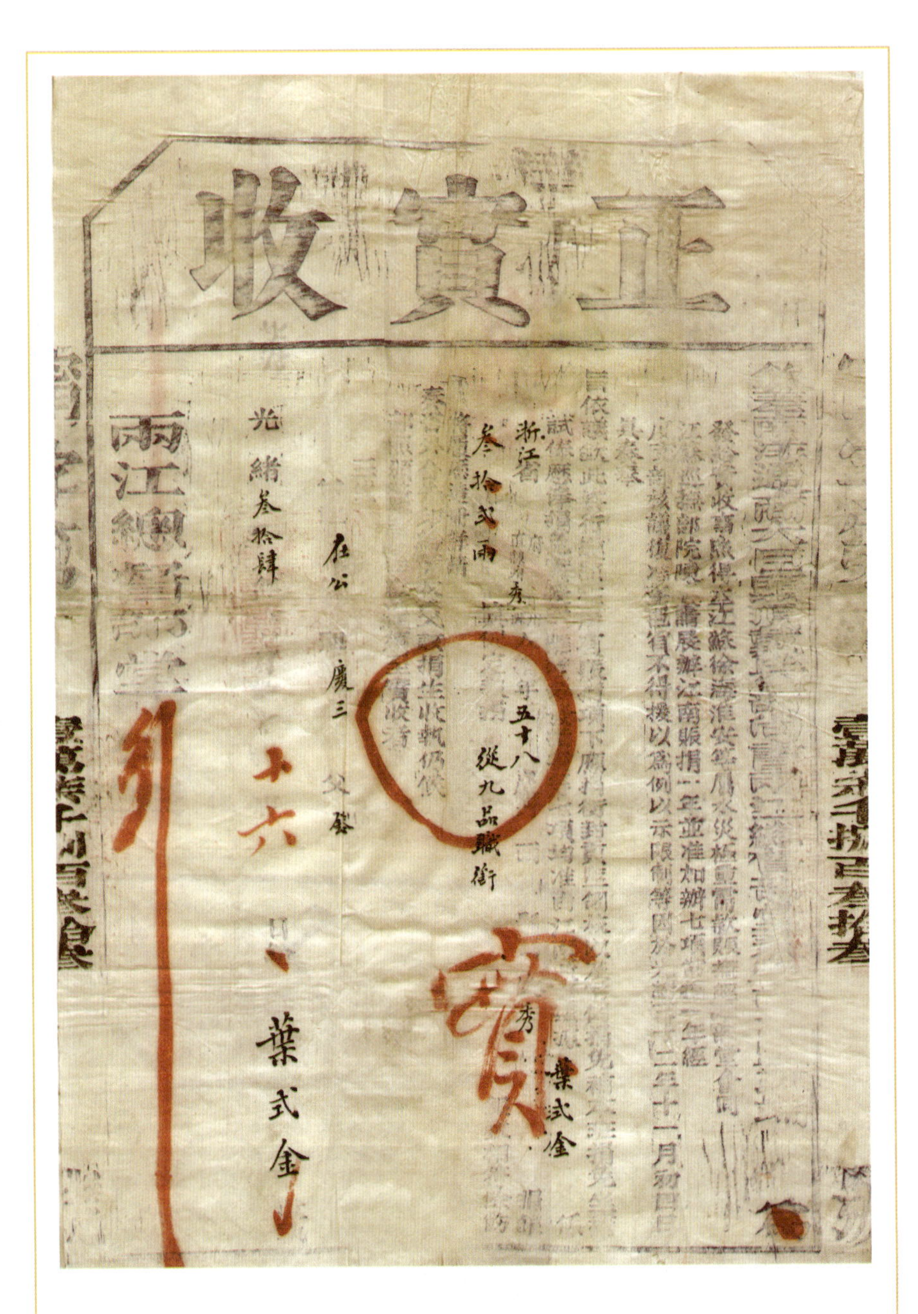

正實收

兩江總督部堂

浙江省

叁拾弍兩

五十八

從九品職銜

光緒叁拾肆年 十六日

在公

慶三

父 癸

葉式金

（图73）光绪三十四年正实收

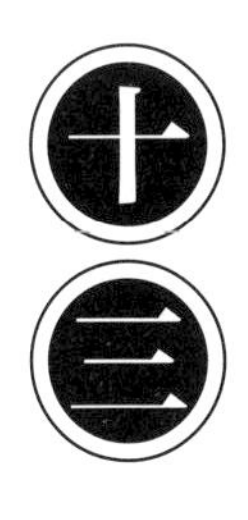

诉状

民间呈词　官给代书

清代诉状是指由官府指定并颁给官代书的书铺，按一定格式要求填写的呈词。它大致包括四个部分：状首、状文、批语和状尾。一件各种要素齐备的诉状还包括：具状人（原告）、被告、干证、歇家姓名等情况，它们经常写在状首部分，但也时常写在中后部位置；官代书戳记，有钤于状首者，亦有钤于状尾者；针对案件情况所作的批语，一般较为固定地写在诉状中部偏后位置；具呈日期，有时署在状文之后，有时署在批语之后。总之，清代诉状在主体部分一致的前提下，具体格式五花八门，并不统一，相当一部分诉状缺少基本要素。

本书共收十五件诉状，从乾隆三十九年至光绪三十三年，跨越了大半个清代，体现了清代诉状的一般情形和特征。

从十五件诉状的印刷墨色看，共有蓝、黑、红三种颜色，其中蓝墨印刷十件，黑墨印刷四件，红墨印刷一件。可见，清代诉状印刷的基本色调是蓝色。

清代诉状有正状和副状之分。正状是正式的诉讼文书，因此，要求各种要素齐备。副状系存留查阅之用，比较简略，状首往往只印“副状”两字，状文内容虽与正状相同，但书写潦草，一般没有状尾，没有官代书戳记。所以，虽然有些诉状上并不标明“正状”、“副状”字样，但我们通过这些形式要素，仍能区分何为正状，何为副状。本书所收十五件诉状，十一件为正状，四件为副状。其中《光绪二年诉状（一）》（图79）、《光绪二年诉状（二）》（图80），《光绪十一年诉状（一）》（图82）、《光绪十一年诉状（二）》（图83）为原套正副状。十一件正状中，只有三件标明“正状”，两件在状首，一件在状尾。四件副状中，有三件标明副状，《光绪五年诉状》（图81）在状首位置，《光绪二年诉状（二）》（图80）在中行折页处，《光绪十五年诉状》（图84）则在首行。可见，正状一般不标明，副状则标明。

十五件诉状中十三件有状首。状首一般在上部印“状式”二字，下边填写具状人、被告姓名、年龄，有的填写住址及离城里数，也有填写歇家或交纳粮租情况的。《光绪十七年诉状》（图85）在状首专门注明“诉案”。状首部位的格式极不统一，填写也不一致，有的认真，有的敷衍，相当一部分状首的填项都略而不填。《光绪二十八年诉状》（图86）只填写了具状人的姓名。造成这一问题的原因或许是这些内容在状文的起首往往还要罗列，有的在状文或批语之后还要再次罗列。

状文是诉状的主体部分，用以叙述案情。十五件诉状均在状文起首提到了具状人姓名、年龄、住址、离城里数等情况。状文一般填写在扁平的长方形格子里，原则上一格一字。从十五件诉状的状文格式看，横格在十三至十九格之间，以十六格最为常见；竖格在二十至三十格之间，以二十格最为常见。所以，平均字数当在三百二十字左右。

令人感到奇怪的是，十五件诉状中只有两件同治年诉状有批语，系同一位马姓知县所批，批后均钤盖其闲章。由于有一件诉状上没有明确纪年，我们只能根据状文内容以及诉状上开列的这位马姓知县的衔级和记录，推测那件《同治×年诉状》（图77）当在同治四年至八年之间。大多数诉状上没有批语，我们只能推测在批示之前，这些官司已经采用其他方式处理，不需要采用诉讼的方式继续处理下去。或许有些诉状根本没有呈递上去。批语究竟出于何人之手？清人方大湜在《平平言》中说得非常清楚：收状后先送刑幕拟批，刑幕将批语拟写在副状上，再送知县核定，知县核定后交墨笔誊写在正状上。所以，尽管批语是刑幕（师爷）拟写的，但经知县核定，最终由书吏誊写在正状上，当然应该认定为是知县的批语，后边钤盖的闲章当然也是知县的印章，这是拥有司法权的象征！有的研究者将批语和其后闲章误以为是师爷的，不过想当然而已。以本书所收同治年诉状为例，批语后闲章印文为“用之则行”，语出《论语》“述而”篇，记孔子与颜渊对话：“用之则行，舍之则藏，惟我与尔有是夫。”这是典型的士大夫理想，绝非刑名师爷格言。

状尾一般印有诉讼中的禁止性规定，将此刊于状尾，具有向诉讼当事人、讼师、代书人告知的性质。十一件正状中，有九件刊有禁止性规定。值得注意的是，尽管每件诉状上的规定都不相同，但它们毫无例外都是禁止性规定，没有一条权利性规定。这些禁止性规定的多数内容大致相同，如规定“官绅、老幼、妇女、废疾人等无抱告者不准”（有的还包括“举贡生监”和“年逾七十之人”），“告远年之事者不准”，“告词双行叠写者不准”，“告词无代书戳记不开明住处者不准”，等等。另一方面，由于经历了漫长岁月，也可以看出它们的一些变化。（1）早期禁止性规定的条款数多于晚期。《乾隆三十九年诉状》（图74）和《嘉庆十六年诉状》（图75）约十三条，《咸丰四年诉状》（图76）近二十条，光绪以后诉状很少超过十条的；（2）越到晚期，这些禁止性规定条款的表述越简明扼要；（3）《乾隆三十九年诉状》（图74）规定："不敷填写许粘余纸"，而《嘉庆十六年诉状》（图75）竟有不许超过二百字的限制；（4）按照《乾隆三十九年诉状》（图74）的规定，官代书戳记应钤于状尾，但是，正如我们看到的，光绪以后诉状的官代书戳记均钤于状首。

官代书戳记是经官府考试录用后发给专业代写诉状人的凭证，木质长方形，无柄。上方横刻"正堂×"，中间变形连体书"公生明"、"清明"等官箴语，从右至左竖刻"官给代书"、"××戳记"字样。早期的官代书戳记除多钤于状尾外，有些呈正长方形，晚期才逐渐演变为梯形。官代书戳记尚有红戳、黑戳之别。本书所收十一件正状中，八件有官代书戳记，红戳、黑戳各四件。何状用红戳、何状用黑戳？从状文内容推断，似乎斗殴伤害类案件和"诉案"多用红戳。

在十五件诉状中，十三件在状文后再次开列了具状人、被告姓名等情况。八件填写了干证，四件填写了歇家，五件填写了抱告人。《嘉庆十六年诉状》（图75）和《光绪三十三年四月诉状》（图87）的具状人是妇女，《乾隆三十九年诉状》（图74）和《光绪五年诉状》（图81）的具状人年龄为63岁，《同治八年诉状》（图78）的具状人年龄为62岁。三件注明是"自来稿"或"自稿"，《光绪三十三年七月诉状》（图88）在状首即注明"自稿"，也即填写诉状前具状人已有稿文。作为副状，《光绪十一年诉状（二）》（图83）还粘贴了一张钤有官代书戳记的保状。

在十五件诉状中，有十四件署有日期。七件署在状文后，七件署在批语后。

作为诉状，状文的写法有某些特殊的格式和规范。开头一般要写明“为××事”，有的诉状为书写规范和方便，把“为”和“事”直接印在开始的位置，中间空若干格以填写事由。在叙述案情时，第一人称要用“小的”或“身”等卑称或谦称，女性则用“氏”，照例只能占半格书写。结尾一般是“为此叩乞仁明大老爷恩准究断施行”等语，“仁明”二字须抬两格书写，如无“仁明”二字，则“大老爷”的前二字须抬两格书写。

无论告状者还是被告，基本都是乡野村夫。事实上，在诉状中很难发现官绅或市民，这大概是当时的历史现状。从案由看，大都属“户婚田土钱债”之类的细故，个别有斗殴和轻伤害的情节。在十五件诉状中，只有《乾隆三十九年诉状》（图74）、《光绪二年诉状（一）》（图79）（含副状）和《光绪十一年诉状（一）》（图82）（含副状）等五件具有斗殴和伤害的情节。

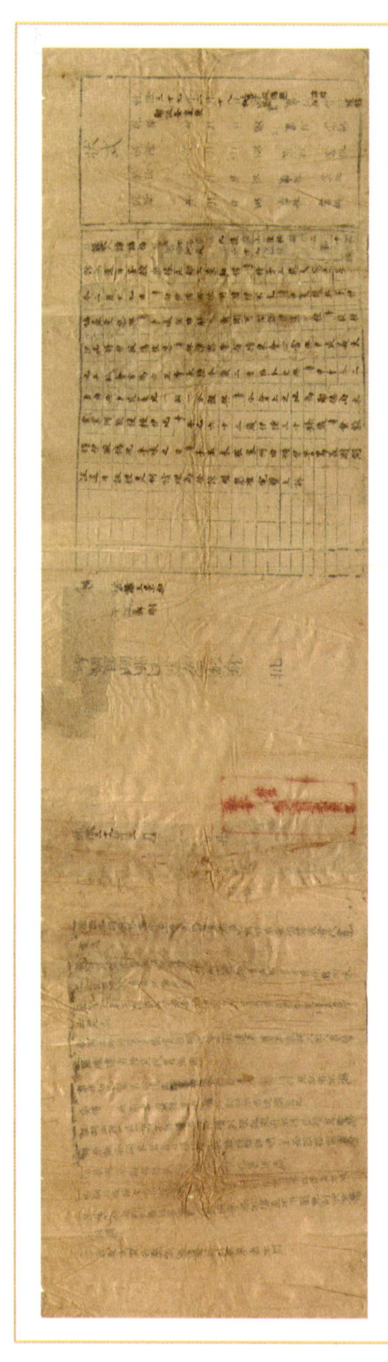

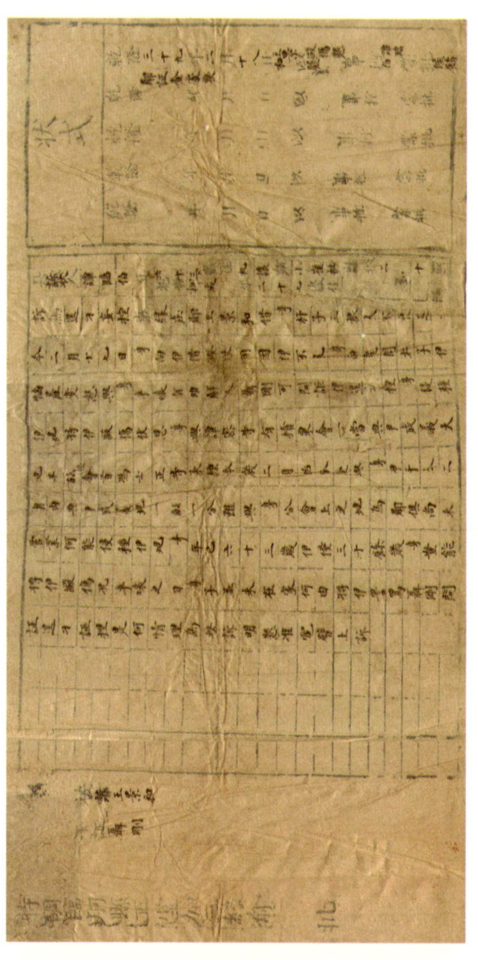

（图74）乾隆三十九年诉状

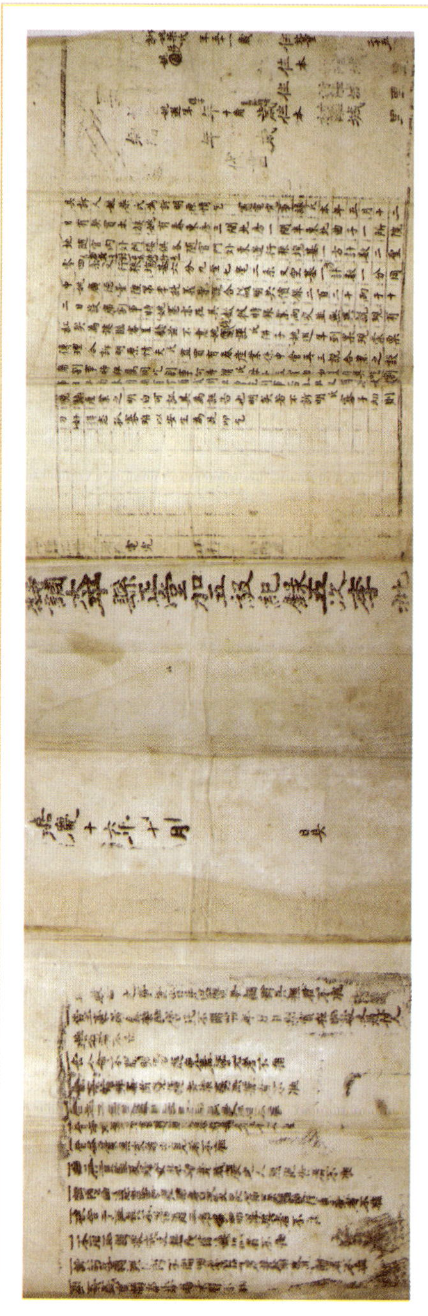

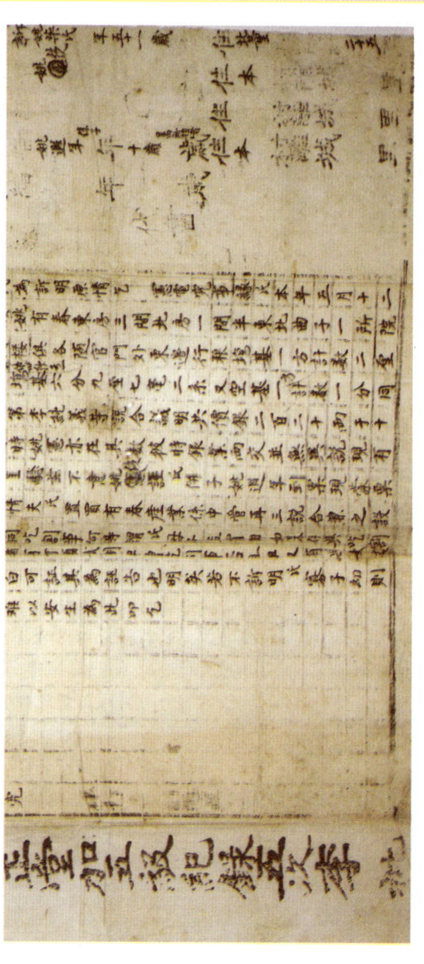

（图75）嘉庆十六年诉状

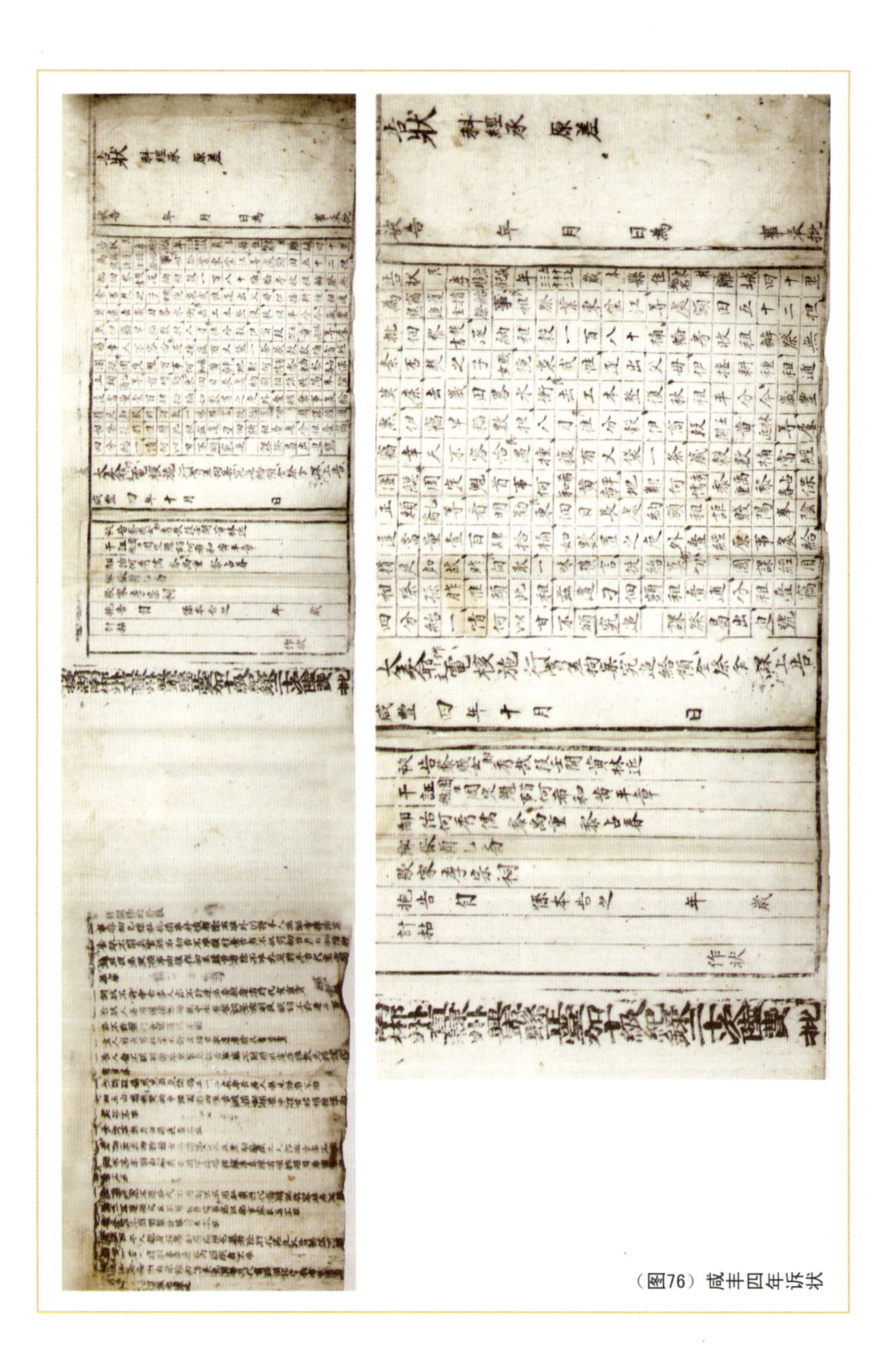

（图76）咸丰四年诉状

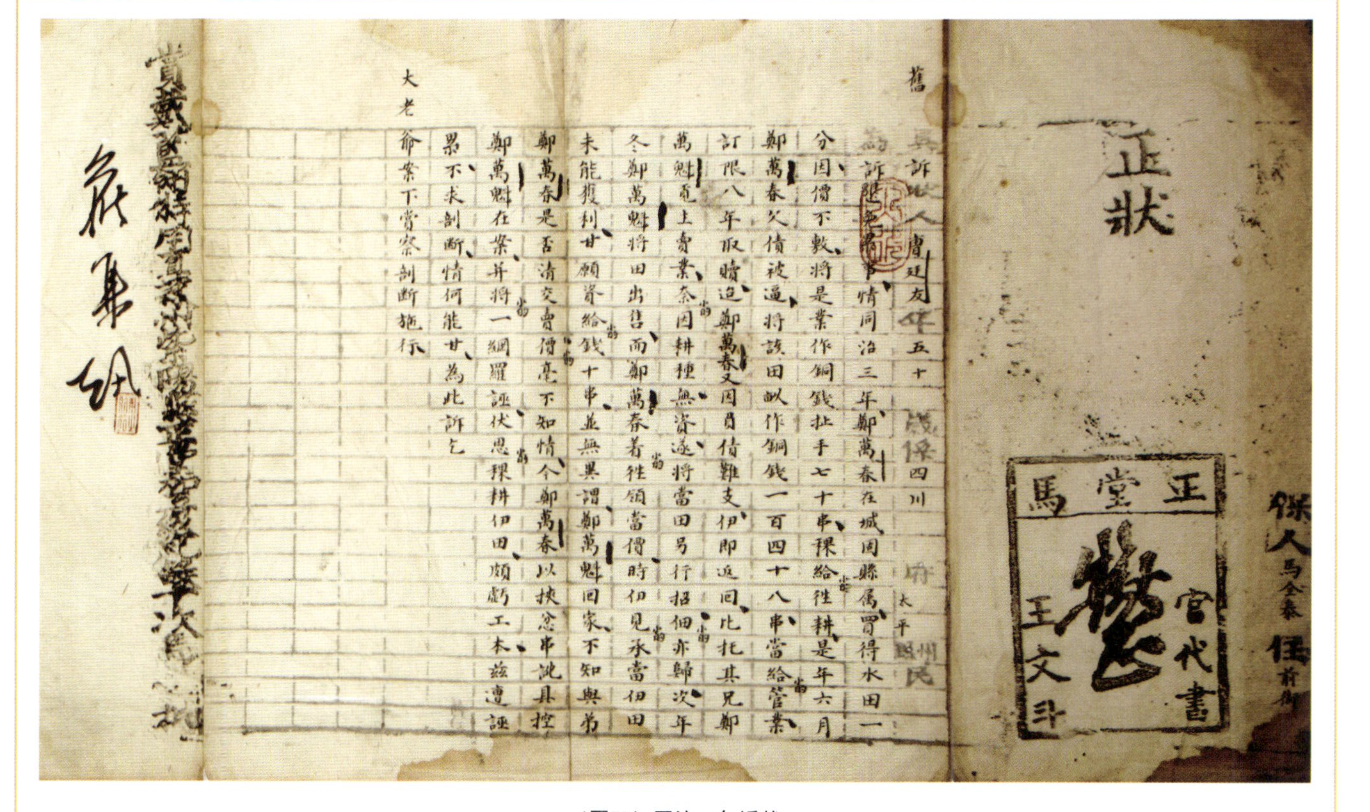

正状

王堂馬

官代書 王文斗

保人 馬全泰 住前街

舊

具訴狀人曹廷友年五十歲係四川　府太平　州民

爲訴　　事情同治三年鄭萬春在城同縣屬買得水田一

分因價不數將是業作銅錢扯手七十串稞給徃耕是年六月

鄭萬春欠債被逼將該田弒作銅錢一百四十八串當給管業

訂限八年取贖迨鄭萬春父因負債難支伊即返回比托其兄鄭

萬魁覔主賣業奈因耕種無資遂將當田另行招佃亦歸次年

冬鄭萬魁將田出售而鄭萬春着徃領當價時伊見承當伊田

未能獲利甘願資給錢十串並無異謂鄭萬魁回家不知與弟

鄭萬春是否清交當價毫不知情今鄭萬春以挾忿串詭具控

鄭萬魁在案并將一網羅誣伏思稞耕伊田頗虧工本茲遭誣

累不求剖断情何能甘爲此訴乞

大老爺案下賞察剖断施行

（图77）同治×年诉状

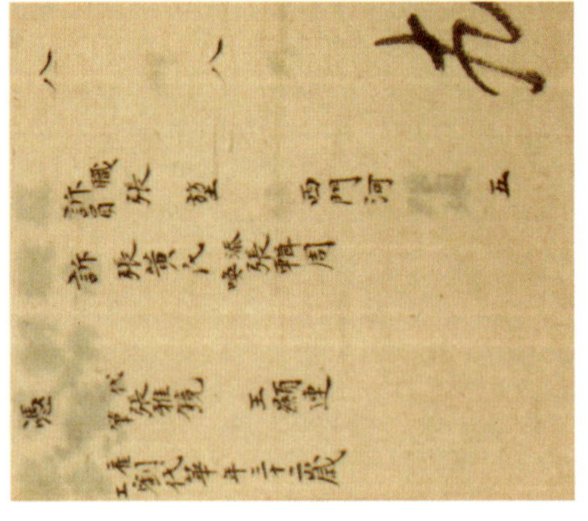

（图78）同治八年诉状

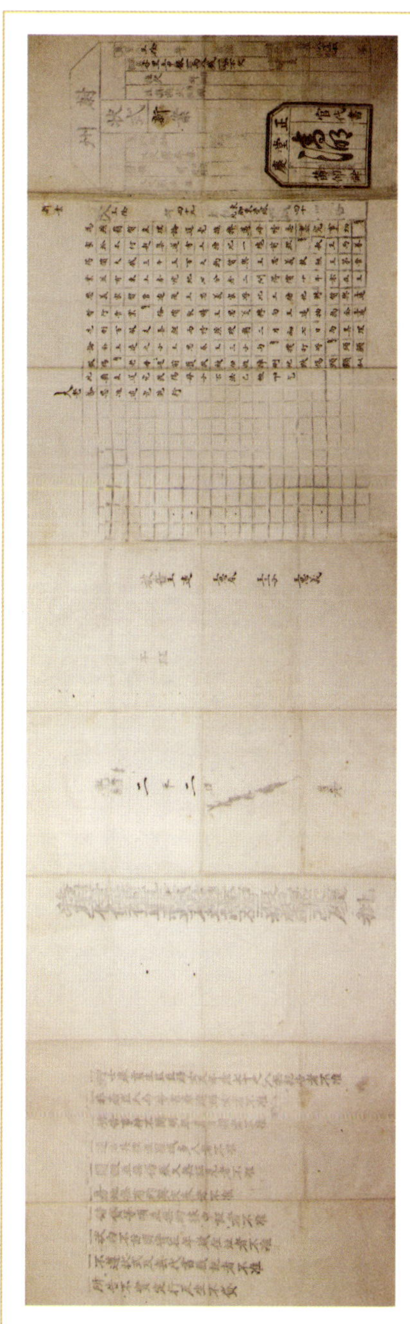

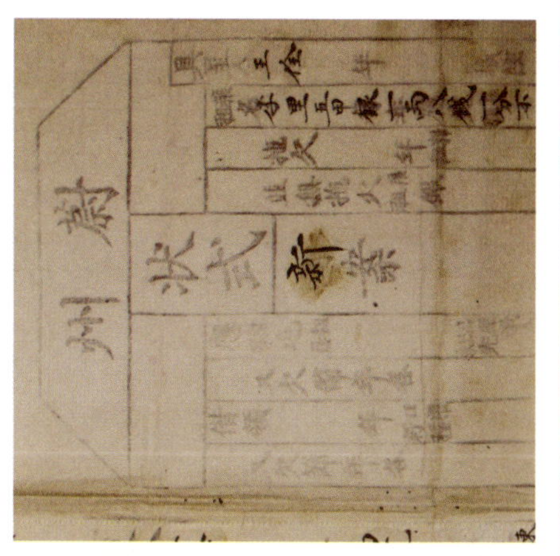

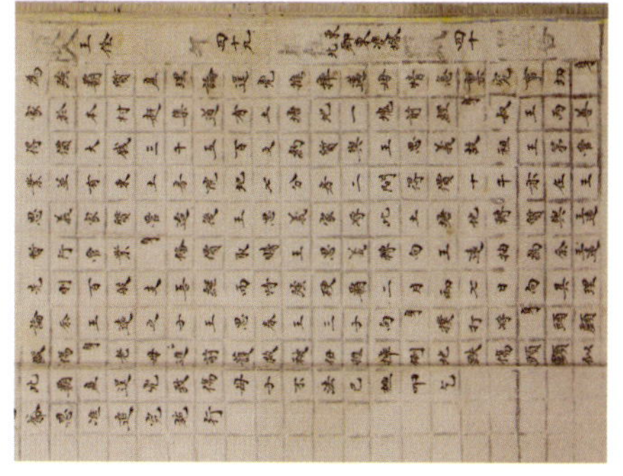

（图79）光绪二年诉状（一）

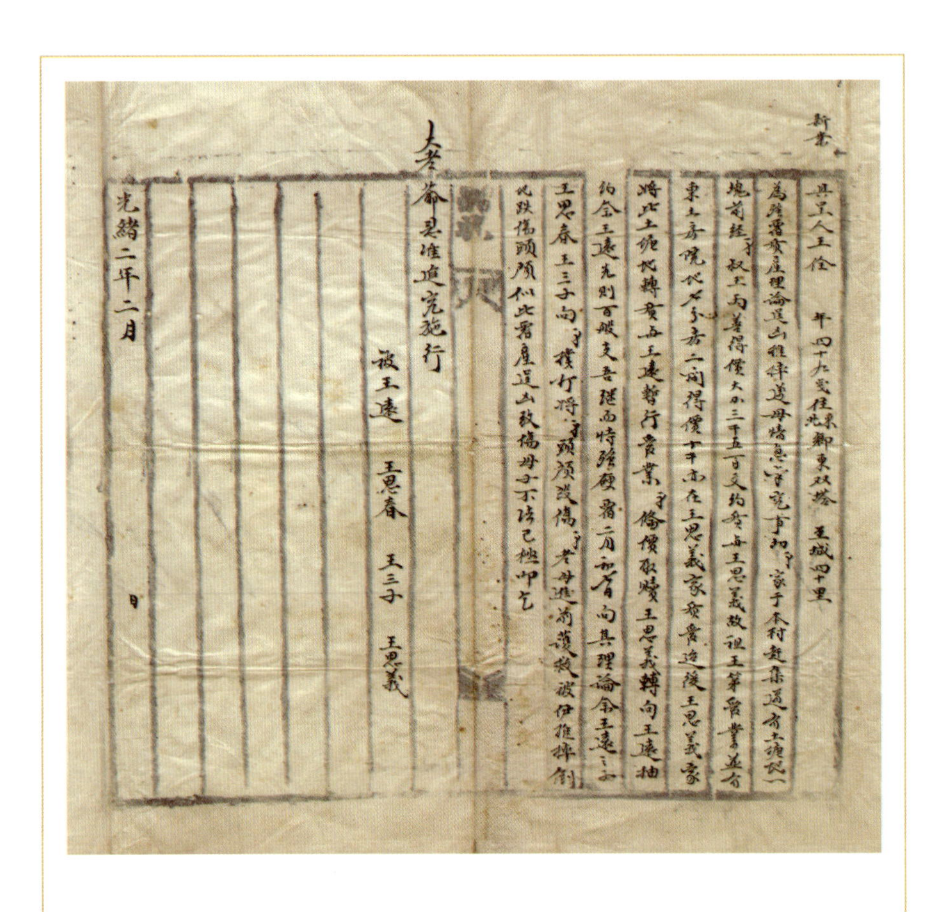

新叅

具呈人王佺　年四十九岁　住城東鄉東双塔　至城四十里

為強霸奪産理論莫出祇得逐母情急呈究事。切身家子本村趙集道有土塊地一

塊，前経身叔王丙善得價大錢三千五百文，約賣與王思義故祖王第管業，並有

東土房院地名子房二間，得價十千亦在王思義家，賣過後王思義家

將此土塊地轉賣與王遠暫行管業。身備價取贖，王思義轉向王遠抽

約。今王遠先則百般支吾，繼而恃強硬霸。二月初十日，向其理論，今王遠之子

王思春、王三子向身撲打，將身頭顱戳傷，身老母進前護救，被伊推摔倒

地，跌傷頭顱。似此霸産莫出，致傷毋子，不得已抱叩乞

大老爺恩准追究施行

被王遠　王思春　王三子　王思義

光緒二年二月　日

（图80）光绪二年诉状（二）

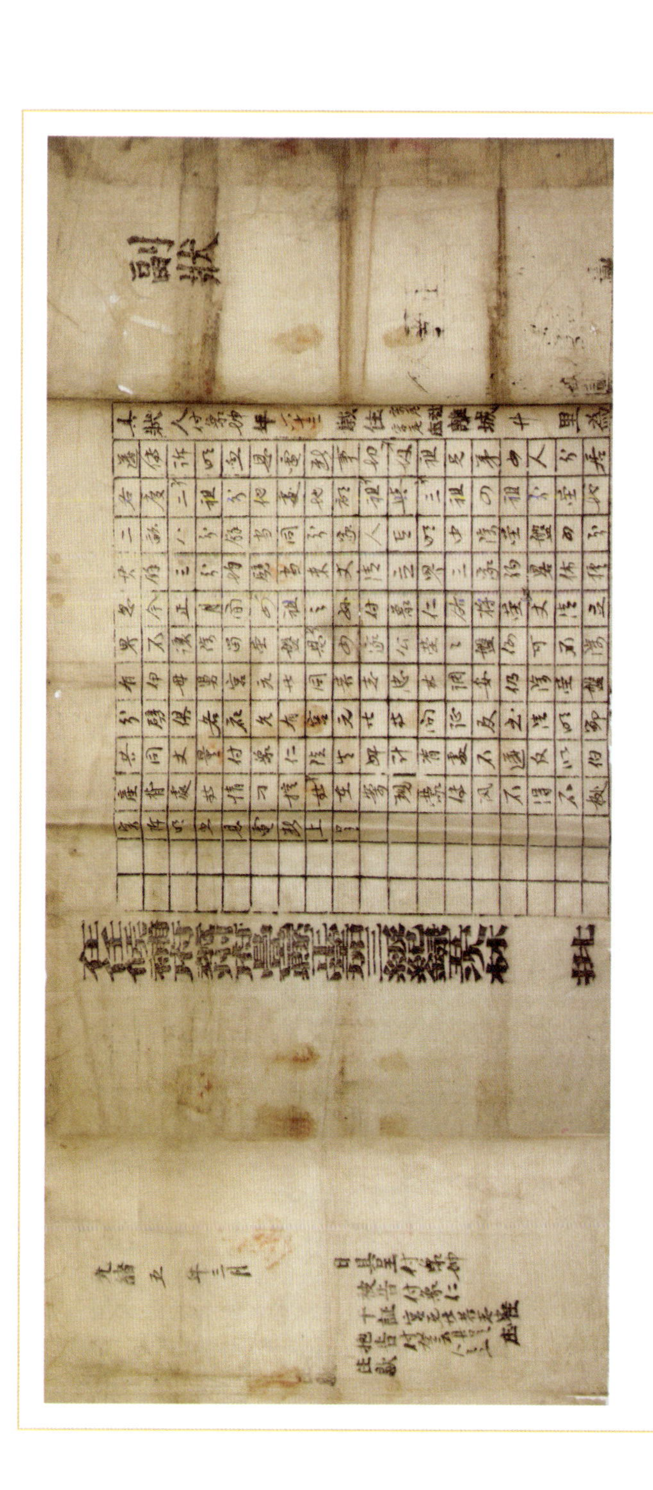

（图81）光绪五年诉状

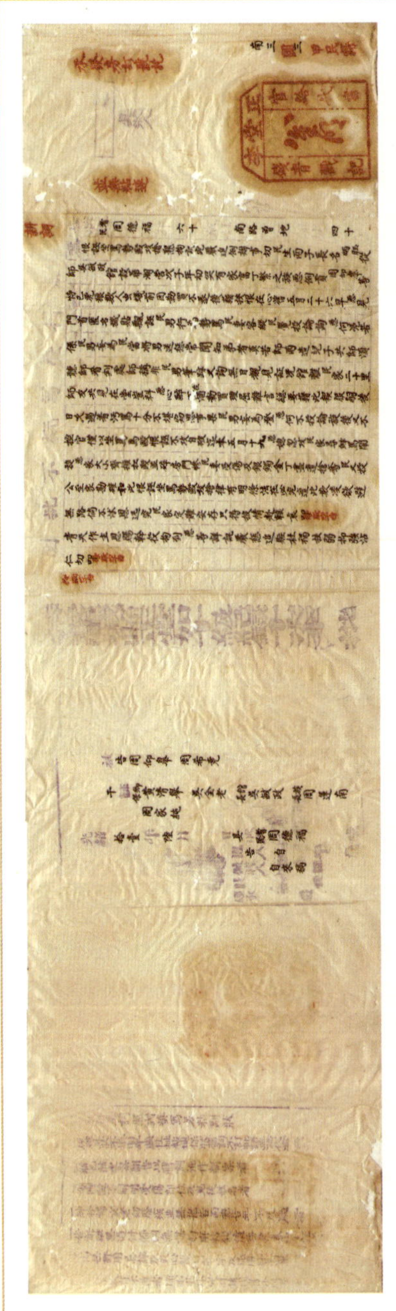

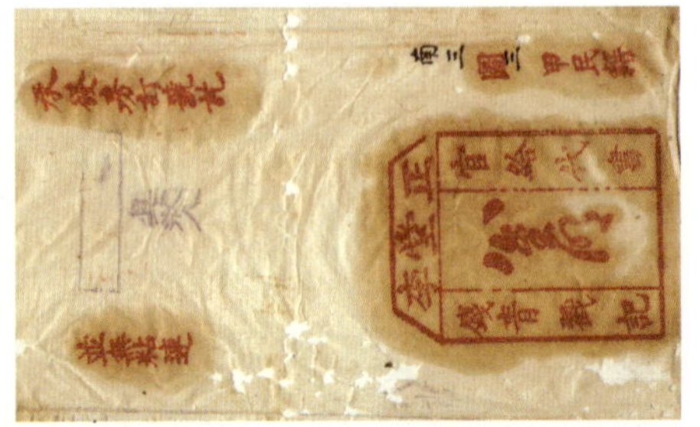

民人 周德福 六十 南路曾地 四十

[illegible]

告周仰阜 周希尧

千 依 黄清举 吴全尧 吴啟政 周连南

周家桃

拾壹 陆川

具告状人 周德福 自

自来稿

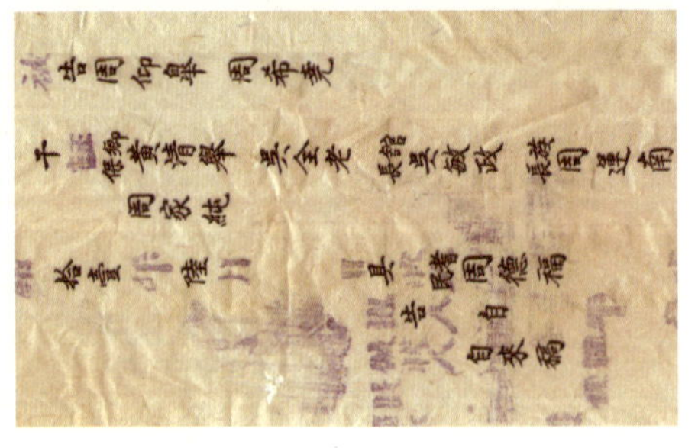

（图82）光绪十一年诉状（一）

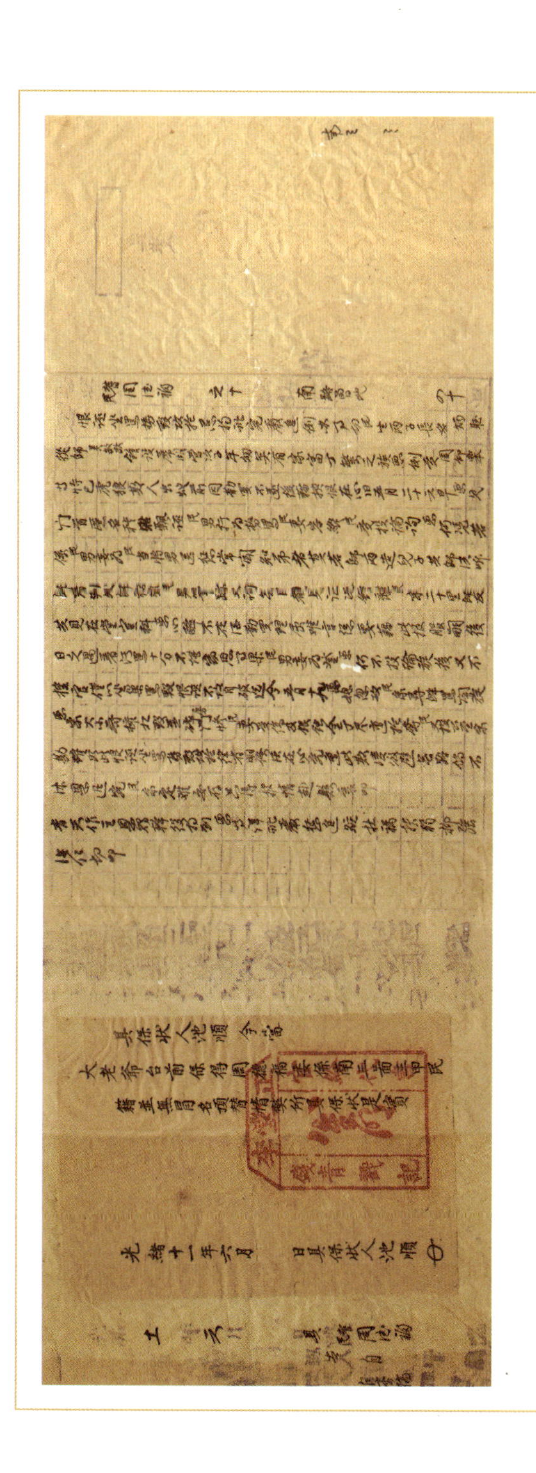

（图83）光绪十一年诉状（二）

（图84）光绪十五年诉状

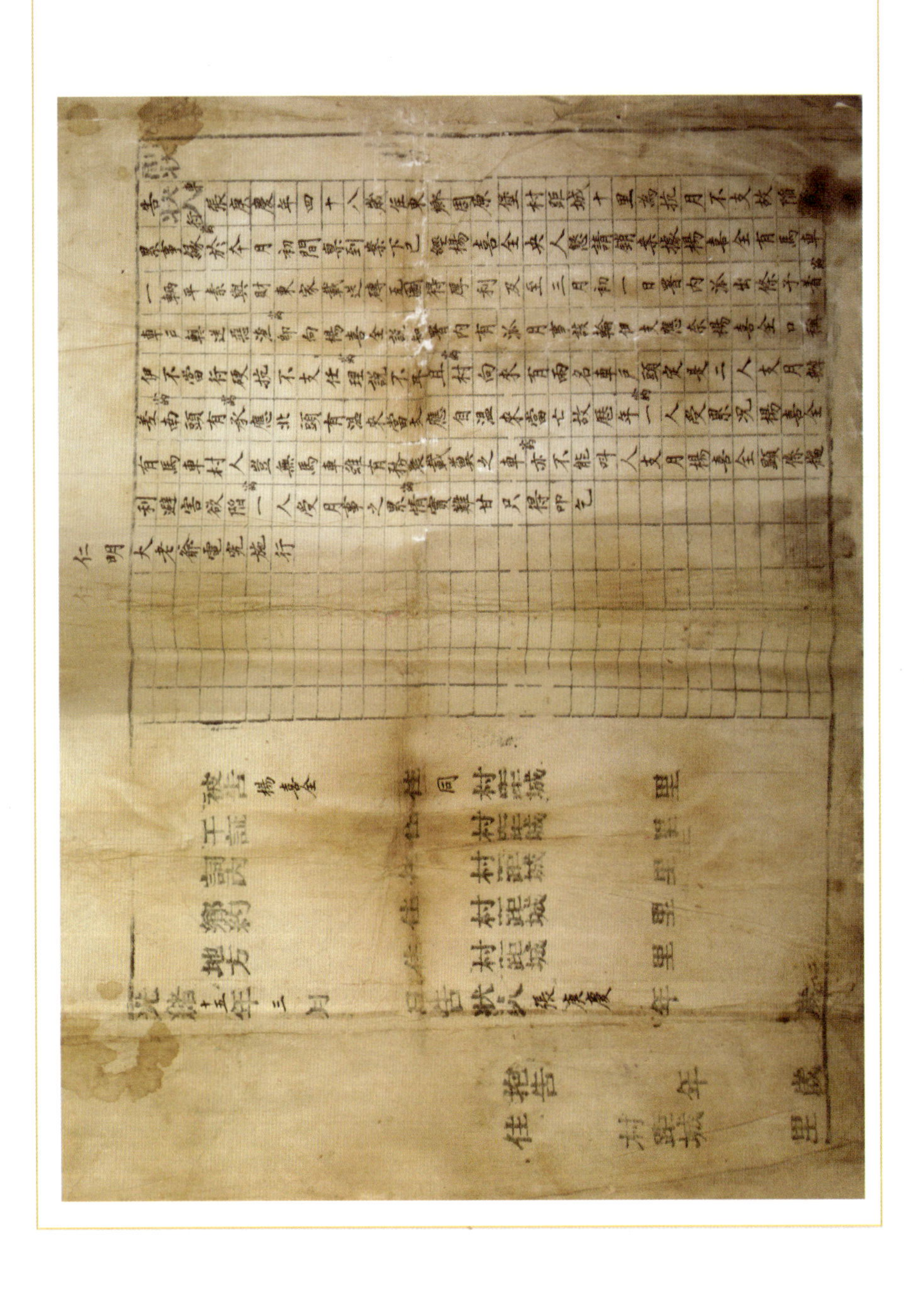

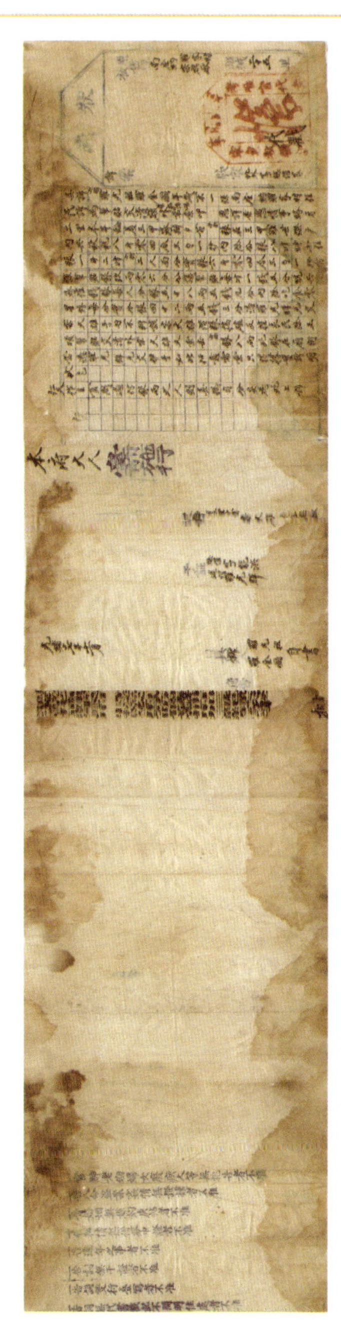

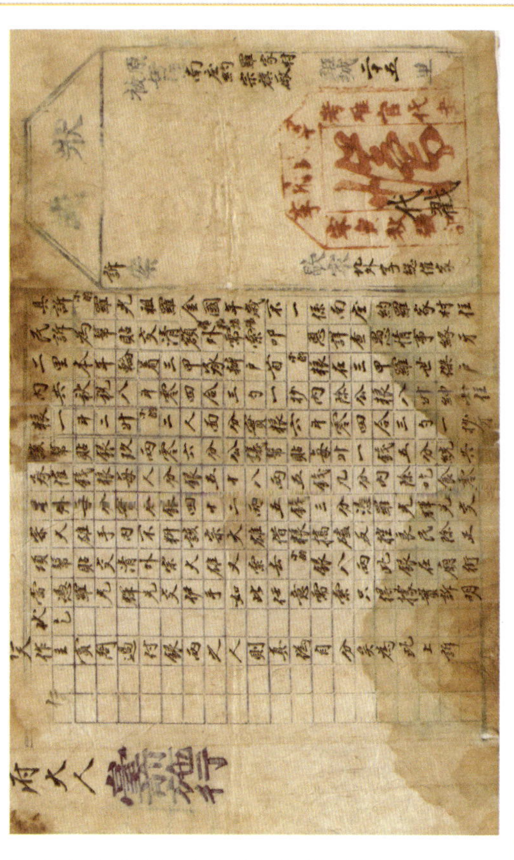

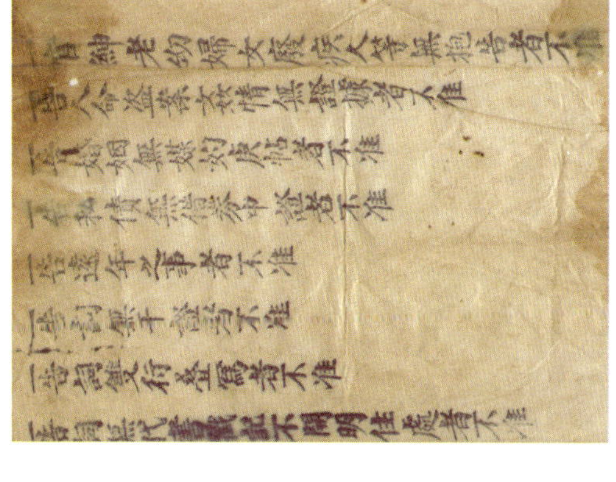

（图85）光绪十七年诉状

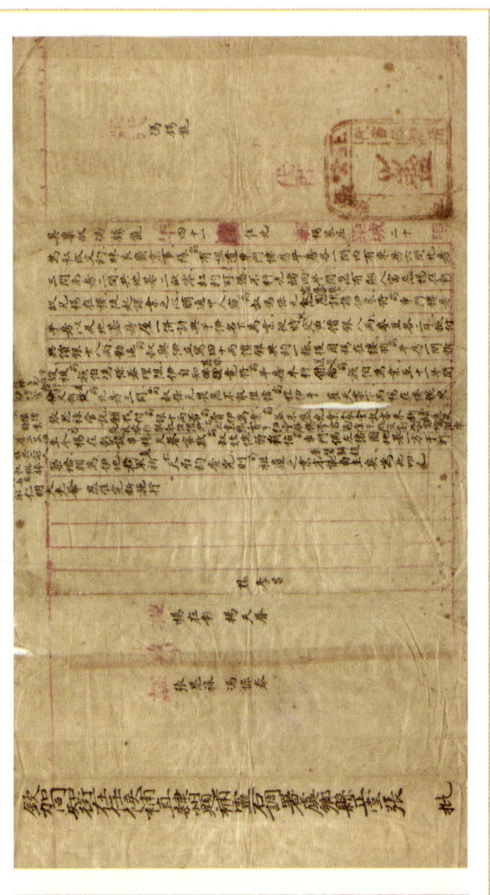

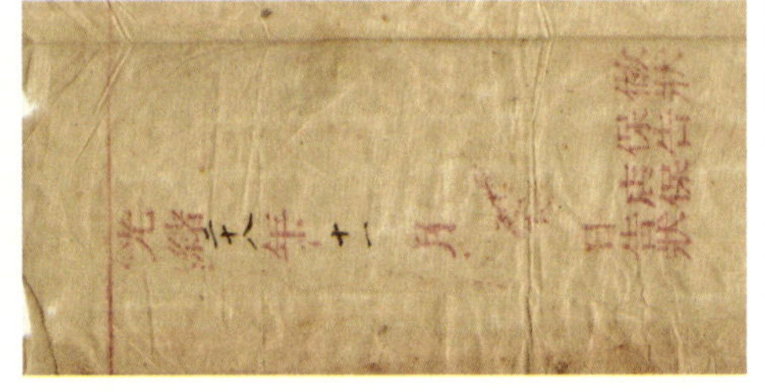

（图86）光绪二十八年诉状

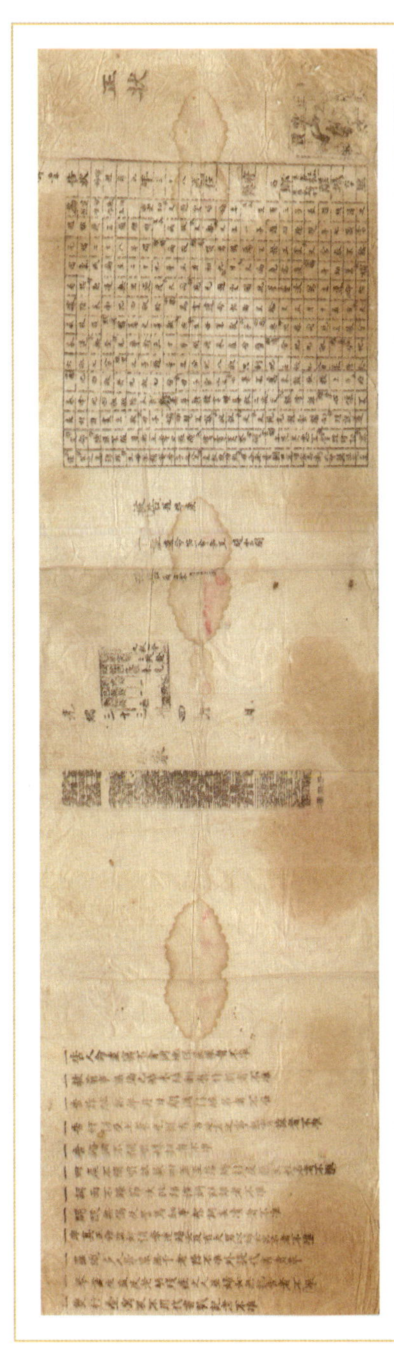

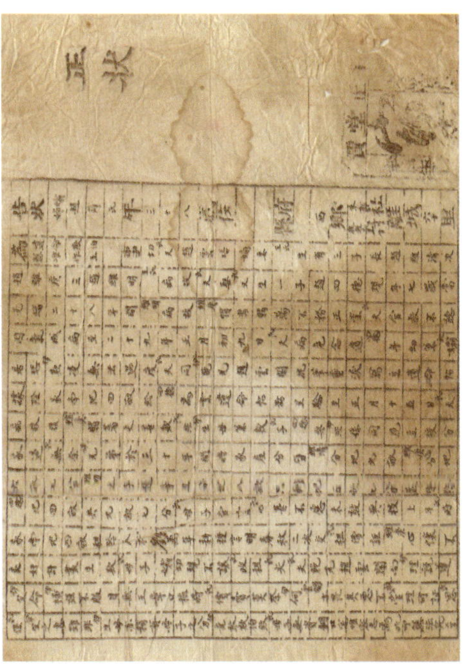

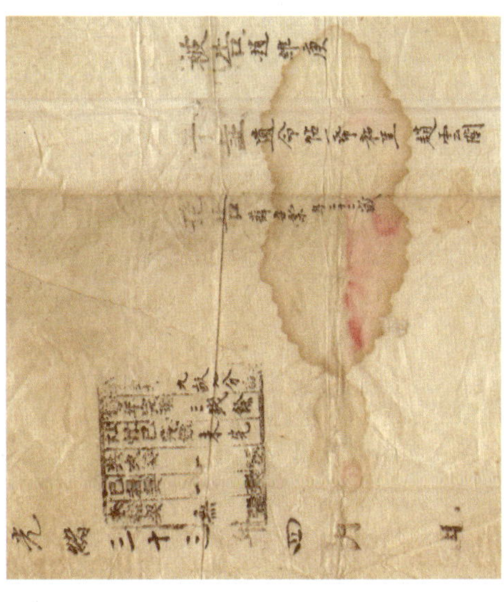

（图87）光绪三十三年四月诉状

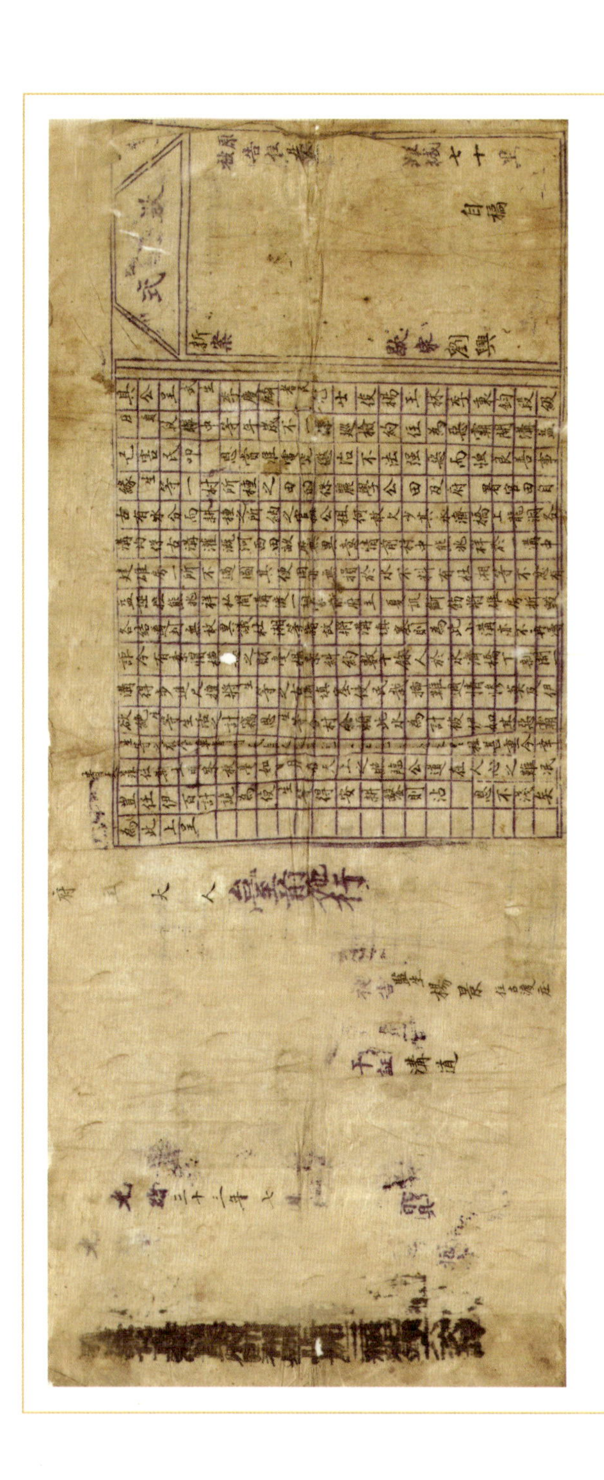

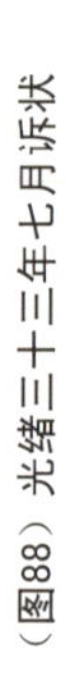

（图88）光绪三十三年七月诉状

堂断

审案定谳　最终判决

所谓堂断，是指官府对诉讼案件所作的判决，相当于现在的判决书。历史上，许多著名人物担任过知县或司法官员，审理案件，定谳下判，有些判词写得文采焕然，妙趣横生。这些针对个案所下的判词或批语等被编辑成书，称为判牍书，如南宋时的《名公书判清明集》、清末樊增祥的《樊山批判》等。不过，这些判词是经作者或他人编辑后收入文集的，已非法律文书的原始状态。流传下来的原始法律文书是非常稀有的。

本书所收《同治十二年堂断》（图89）为我们展现了原始状态“判决书”的面貌。堂断起首印正堂职务、衔级及姓氏，其后叙明诉讼经过并作出判决，通篇标朱，断文后草书一“遵”字，年款钤盖官印，日期以朱笔填写，断文后书“右给查阿玉”，表明这是送达给控告人的法律文书。

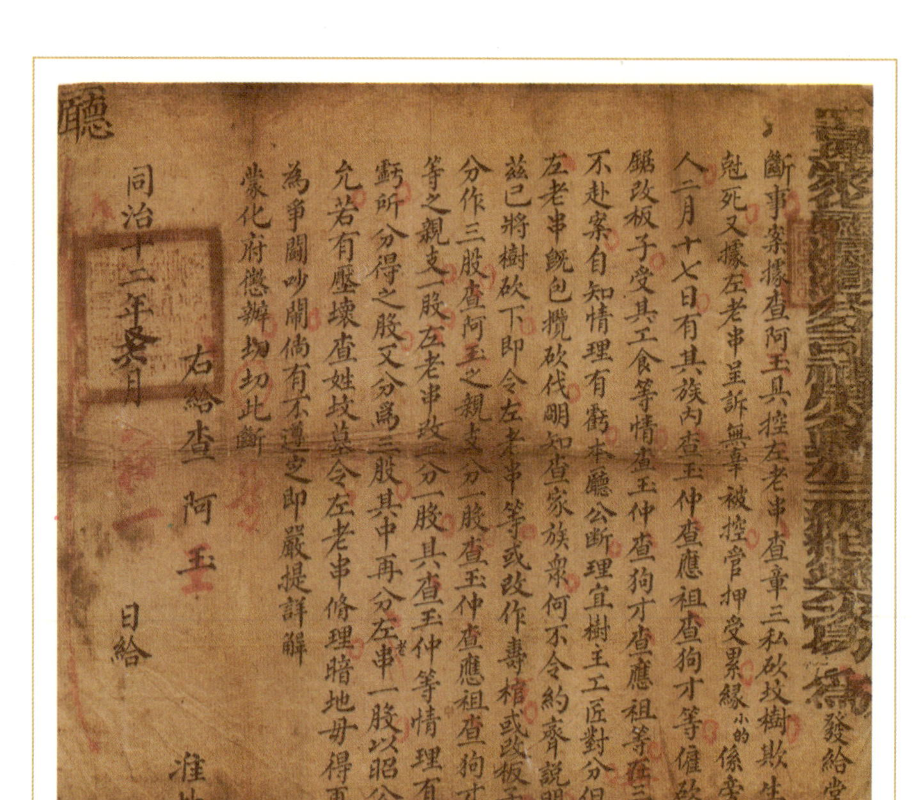

發給堂
斷事案據查阿王具控左老串查章三私砍坟樹欺生
尅死又據左老串呈訴無辜被控管押受累緣小的係旁
人二月十七日有其族內查玉仲查應祖查狗才等僱砍
鋸改板子受其工食等情查玉仲查應祖等在三
不赴案自知情理有虧本廳公斷理宜樹主工匠對分但
左老串既包攬砍伐明知查家族衆何不令約齊說明
茲已將樹砍下即令左老串等或改作壽棺或改板子
分作三股查阿王之親支分一股查玉仲查應祖查狗才
等之親支一股左老串攷分一股其查玉仲等情理有
虧所分得之股又分爲三股其中再分左老串一股以昭公
允若有壓壞查姓坟墓令左老串脩理犢地毋得再
爲爭鬪吵鬧倘有不遵定即嚴提詳解
蒙化府懲辦切切此斷
右給查阿王 准此
同治十二年叁月 日給
廳

（图89）同治十二年堂断

甘结

终止案件 自愿和解

案件当事人具状自愿终止案件称为甘结。从案件发生到审结的每一个环节，均可采用甘结的方式终止案件。甘结可能是当事人自主追求的行为，更可能是司法官员不断教化和循循善诱的结果，它与司法官员在案件审理中追求和息的愿望和动机紧密相联。事实上，相当一部分案件是通过甘结的方式处理的。

本书共收两件甘结。《道光十六年甘结》（图90）系两家购买房基地后为过道发生争执，经堂讯后具结甘结。《同治三年甘结》（图91）则是当事人因投井者系疯病发作致死情愿甘结。两件甘结所处的案件环节完全不同，但却有共同之处。一是所涉人员均须具结。《道光十六年甘结》（图90）中所有涉案人均具结，《同治三年甘结》（图91）中具结人既有死者的兄弟、儿子，又有死者邻居，还有死者所投之井的井主。二是甘结状既无具结人画押、指印，也无印章、签名，且系一人书写。这似乎也说明，甘结的意愿更多地来自官府而非当事人。

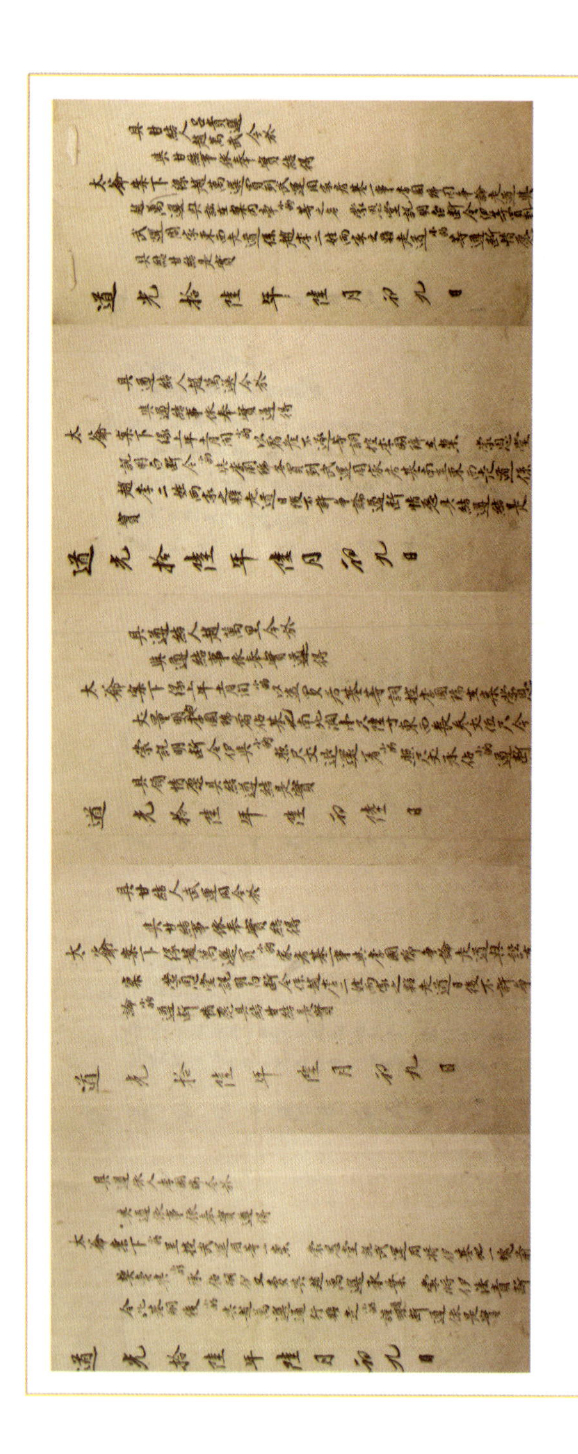

（图90）道光十六年甘结

具甘結人裴永治今結到

大老爺案下：緣鄉地裴文煥具報賈來娃投井身死一案，第來娃身死之由，委因瘋病復發所致，與人無尤，並無别故。甘結是實。

同治三年正月　日具甘結人裴永治

具甘結人裴狗蛋今結到

大老爺案下：緣鄉地裴文煥具報賈立敦之弟賈來娃投井身死一案，第來娃身死之由，委因瘋病復發所致，與人無尤，並無别故。甘結是實。

同治三年正月　日具甘結人裴狗蛋

具結領人賈立敦、賈來盛今結領到

大老爺案下：緣鄉地裴文煥具報賈立敦之弟、賈來盛之父賈來娃投井身死一案，第來娃身死之由，委因瘋病復發所致，與人無尤，並無别故等情。愿將屍領回備棺掩埋。所具結領是實。

同治三年正月　日具結領人賈立敦　賈來盛

（图91）同治三年甘结

伤单

死伤检验 记录在册

清代发生死伤案件后，例由仵作检验尸伤，记录在册，称为伤单。有的州县长官对伤单非常重视，曾任知县的黄六鸿在《福惠全书·刑名·印官亲验》中说："凡伤痕等项，俱宜本官亲笔填记，口供令刑书写记。记毕，本官看明判日，同亲记伤单，亲带回衙。"当然，这只是个别模范官员的做法。由于仵作文化程度很低，大多数伤单可能是书吏填写的。

伤单流传至今已很少见，本书所收这件伤单（图92）为著者仅见。由于未署年款，从纸张、字迹、印章判断大致为清末。伤单呈册页式，首页竖写"伤单"二字，并钤盖一枚"永修县印"，左下角有骑缝印一枚。册页内记分别验得三人伤情，左右下角对称盖骑缝印两枚。

傷單

據檢驗吏吳清魁報驗得周德左手掌有刄傷一處斜長一寸一分

葯數血結又中指有刄傷一處葯數血結拆供係被八個麻子殺

傷的

又驗得周南山左眼下有拳傷一處圍圓九分青紫色左乳下有

拳傷一處微腫左右背膊各有拳傷一處微腫左手二指有

刄劃傷一處斜長一分

又驗得周劉氏左乳有木器攢傷一處圍圓二寸一分青紫色右

乳有刄劃傷一處斜長二寸五分又右乳下有木器傷一處斜一寸

一分紅色右腋肘有木器傷數處參差不齊據供均係孫人

傷的

（图92）清代伤单（内文）

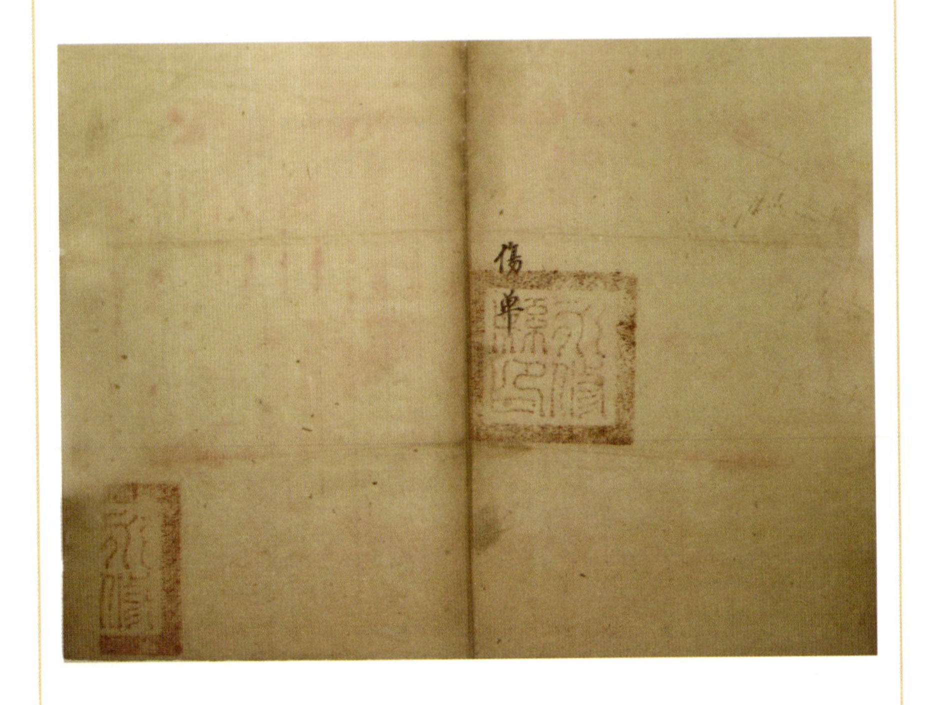

（图92）清代伤单（首页）

民国时期法律文书

中华民国是一个特殊的历史时期，它的法律文书集中体现了过渡期的特点。一方面，清代法律文书的许多方面被民国时期的法律文书继受下来，有的民国时期法律文书不过是清代法律文书改头换面的翻版；另一方面，随着帝制的结束和体制的更新，一些全新的、尤其是受到西方法律文明影响的新鲜元素出现在民国时期的法律文书上，从形式到内容，从材料到观念，都有了不同于以往的变化。大体而言，民国中期法律文书的变化大于民国早期法律文书，司法诉讼文书的变化大于非司法诉讼文书，官府文书的变化大于民间契约文书，都市文书的变化大于乡间文书。

本书共收八件民国中期以前较为典型的法律文书，通过与清代法律文书的对比分析，既可以看到清代法律文书的演变和走向，也可以看到民国时期法律文书在哪些方面继承和创新了清代法律文书。

《民国元年旗地户管》（图93）是一件有代表性的改头换面的文书。从时间上看，它和第五部分“票证”中所收《宣统三年旗地户管》

（图36）相差不到一年。从地点上看，它们来自于同一个地方——义州。仔细对比两件文书，我们发现，除了将发文机关“奉天行省总督部堂”置换为“东三省都督”，另将“宣统三年”改为“中华民国元年”，以及填项不同外，文书的其他方面，如内容、格式、标朱、用印，竟然完全一样！这说明，虽然清朝的统治被推翻了，旗人的俸禄也取消了，旗地早就可以买卖了，但对旗地的特殊管理却照旧存在。另外，作为文书的附属部分，它还多了一张印单（贴于右上方）和四枚印花税票（贴于左上方），这是民国时期文书所特有的。

《民国十九年田房草契》（图99）也是这样一件具有鲜明时代特征的文书。不同于清代地契，民国时期的地契已少有契尾，缴纳契税的象征不再由契尾体现，而是代之以印单和印花税票。贴在左下角的“应纳税额九元九角”的印单和贴在正中间的三十枚印花税票，如同无言的控诉。除了税负的加重，这件民国时期的地契和清代的地契又有什么不同呢？

1915年12月，袁世凯推翻共和，复辟帝制，改元洪宪。次年3月22日，宣布取消帝制，坐了八十三天未正式登基的皇帝。虽然时间很短，但仍有一些署洪宪年号的文书保存下来，成为历史的见证。本书所收《洪宪元年吉林巡按使公署批文》（图95）和《洪宪年地丁上忙下忙串票》（图96）就是两件较为典型的代表性文书。《洪宪元年吉林巡按使公署批文》（图95）是吉林永衡官银钱号为中国银行透支一事给吉林巡按使公署上报的详文，当时的吉林巡按使王揖唐为此所作的批示。文书首部钤盖“吉林永衡官银钱号关防”印，尾部钤盖“吉林巡按使”印，关防印旁“一月廿日到”上钤盖一枚“实事求是”闲章，批文中多处钤盖“吉林巡按使公署监印员章”。《洪宪年地丁上忙下忙串票》（图96）和第五部分“票证”中所收《光绪二十五年上忙下忙执照》（图34）均来自安徽黟县，虽然时代早已不同，但它们从形式到内容却没有太大变化，农民的负担没有得到丝毫减轻。

如果和第十三部分清代诉状进行比较，我们就会发现，尽管处于民国早期，《民国元年民事诉状》（图94）和《民国五年民事诉状》（图97）的变化是相当大的。第一，变化最大者莫过于采用了“民事诉讼”的划分方法，这表明刑民不分的中华法系传统模式已被西方法律模式所取代；第二，状首采用了中西合璧的装饰图案。《民国元年民事诉状》（图94）的主题纹饰是西式纹旁环以梅花，《民国五年民事诉状》（图97）则采用了回纹、祥云和夔龙等传统纹饰组合的图案，但整体风格却是西式的；第三，状纸费予以公开透明。《民国元年民事诉状》（图94）在状首旁“本状纸全套定价银币”上钤盖“改收银币四角伍分”戳记，《民国五年民事诉状》（图97）则钤盖了“详部批准每套改收大银元陆角”戳记；第四，原清代诉状上状尾部分的“禁止性规定”被扉页上的“注意事项”类告知所代替。尽管这些便民周知式的告知并未涉及多少当事人权利，但原清代诉状上的“官绅、老幼、妇女、废疾人等无抱告者不准”之类的禁例却被彻底废除了，表明法律适用上的平等观念等西方法律观念和原则已被接受并得以实施；第五，《民国元年民事诉状》（图94）的审理机关已是营口地方法院民庭；第六，普遍存在于清代诉状上的官代书戳记已经消失；第七，《民国五年民事诉状》（图97）上贴有印花税票，说明诉讼仍须缴纳契税；第八，大量采用“标的”、“判决”、“事实”、“理由”、“被告人”等西式法律概念。有意思的是，《民国五年民事诉状》（图97）状尾还贴有一份洪宪元年保状。

《民国十三年民事判决》（图98）和《民国二十年判词》（图100）是两件值得对比分析的文书。它们都是山西文书，同属民事类判决，当事人俱为平遥县人氏，时间相隔七年。但由于前者审级到了太原，后者仍在平遥，我们可以看到，七年前的法律文书竟然更多地体现了现代法律的一些要素。第一，审理机关不同。前者是山西太原地方审判厅民庭，后者是平遥县政府；第二，前者采用了“判决”、“上诉人”、“被上诉人”等现代法律概念，后者仍沿用“判词”、“堂判”等清代法律概念；第三，前者审理人员是审判长、推事、书记官，后者是县长；第四，前者已将判决区分为“主文”、“事实”、“理由”等几个部分，后者还沿用清代判词原则性写法；第五，前者判决依据援引《民事诉讼条例》第五百一十七条、第一百零三条、第四百五十七条第一项，甚为详细，后者没有任何判决依据；第六，前者已是蜡版油印，后者仍是毛笔书写。

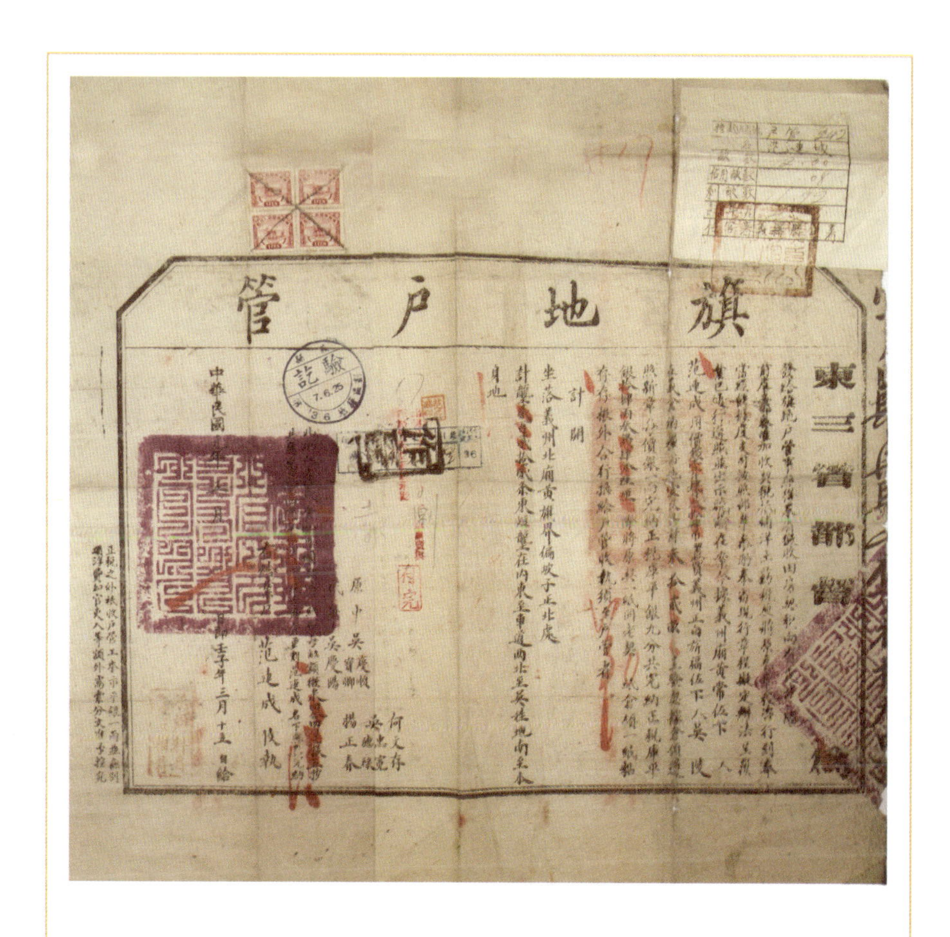
旗地户管

東三省都督

計開

坐落義州北廟黃旗界偏坡子正北處

自地

驗訖 7.6.25

原中 吳慶暇 何文存

中華民國元年 月 日給

（图93）民国元年旗地户管

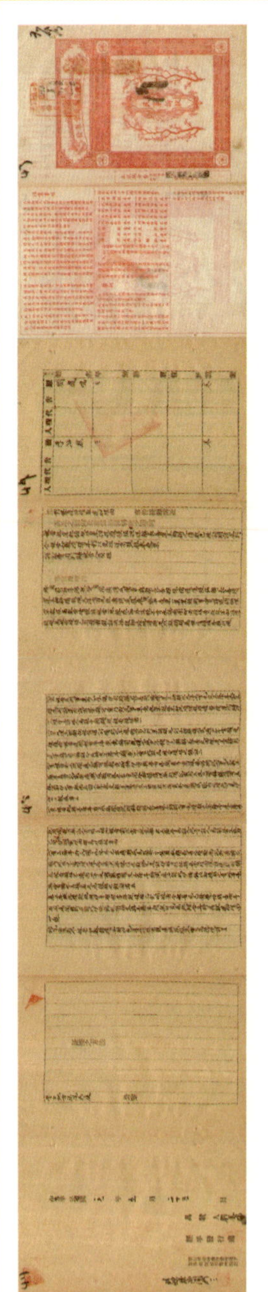

注意事項

一 民事訴狀凡民事案件向司法機關陳訴者除有別種特定之狀紙可資適用外俱適用之

一 民事訴狀關於第一審者應向被告住址地或不動產所在地之審判法院投遞其他詳細情形須查照民事訴訟條例辦理

一 民事訴狀關於第一審者應填寫(一)原被告姓名年齡籍貫住址職業(二)因某事涉訟之原委情形及訴訟標的之金額或價額(三)請求裁判之要點(四)受訴審判法院(五)遞狀年月日至其他之事件應依照前列格式各按其性質填寫

一 請求有數宗者其訴訟原委事實應分類敘列其請求一宗而原委事實有數項者亦應分段開列敘事先後以年月爲序俾以簡而明晰爲主

一 訴訟案件如有證人可證明事實者應於訴狀填寫證人姓名及其能證明之事實如有文書或證物者應於訴狀填寫文書或證物之種類

（图94）民国元年民事诉状

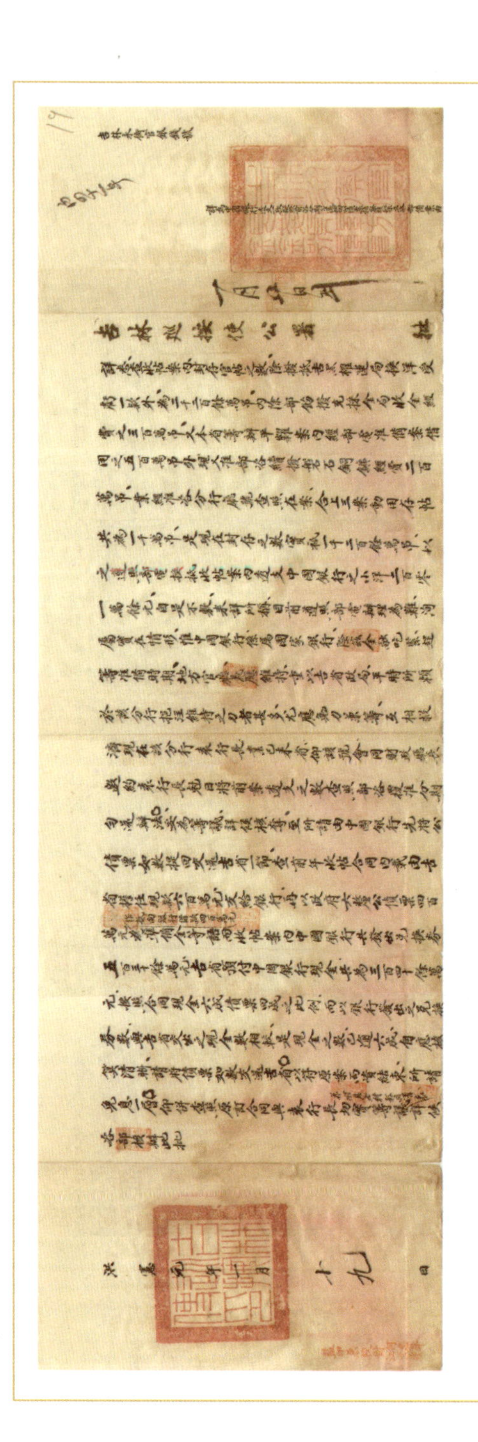

（图95）洪宪元年吉林巡按使公署批文

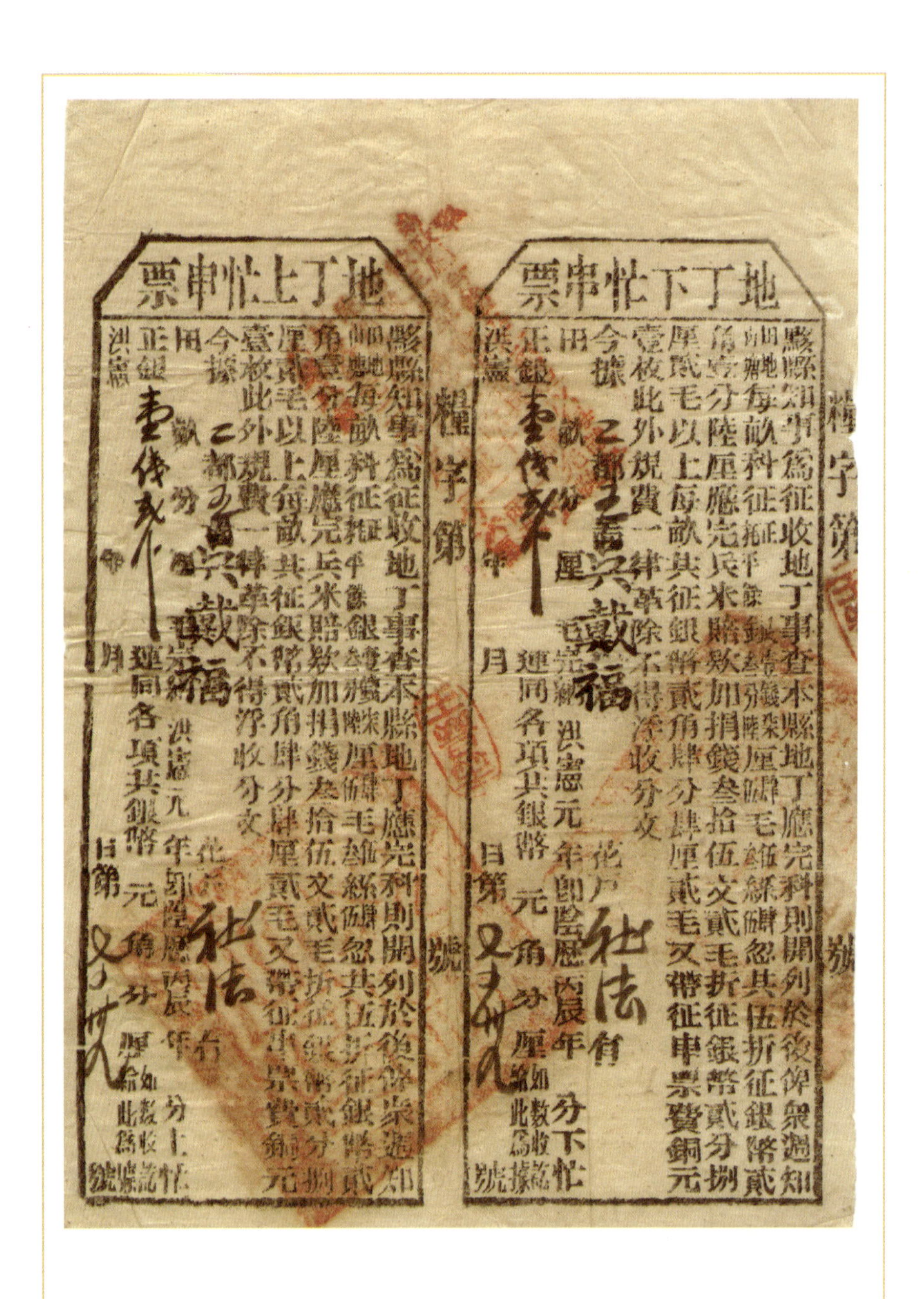

地丁上忙串票

[illegible]縣知事為征收地丁事查本縣地丁應完科則開列於後俾衆週知
田地每畝科征正耗……共伍折征銀幣貳
角壹分陸厘應完兵米賠款加捐錢叁拾伍文貳毛折征銀幣貳分捌
厘貳毛以上每畝共征銀幣貳角肆分肆厘貳毛又帶征串票費銅元
壹枚此外規費一律革除不得浮收分文
今據 乙都 戴福 花户 杜法 名下
田 畝 分 厘 毛 完納 洪憲元年即陰歷丙辰年 分上忙
正銀 連同各項共銀幣 元 角 分 厘 如數收訖此據
洪憲 年 月 日 第 號

糧字第 號

地丁下忙串票

[illegible]縣知事為征收地丁事查本縣地丁應完科則開列於後俾衆週知
田地每畝科征正耗……共伍折征銀幣貳
角壹分陸厘應完兵米賠款加捐錢叁拾伍文貳毛折征銀幣貳分捌
厘貳毛以上每畝共征銀幣貳角肆分肆厘貳毛又帶征串票費銅元
壹枚此外規費一律革除不得浮收分文
今據 乙都 戴福 花户 杜法 名下
田 畝 分 厘 毛 完納 洪憲元年即陰歷丙辰年 分下忙
正銀 連同各項共銀幣 元 角 分 厘 如數收訖此據
洪憲 年 月 日 第 號

糧字第 號

（图96）洪宪年地丁上忙下忙串票

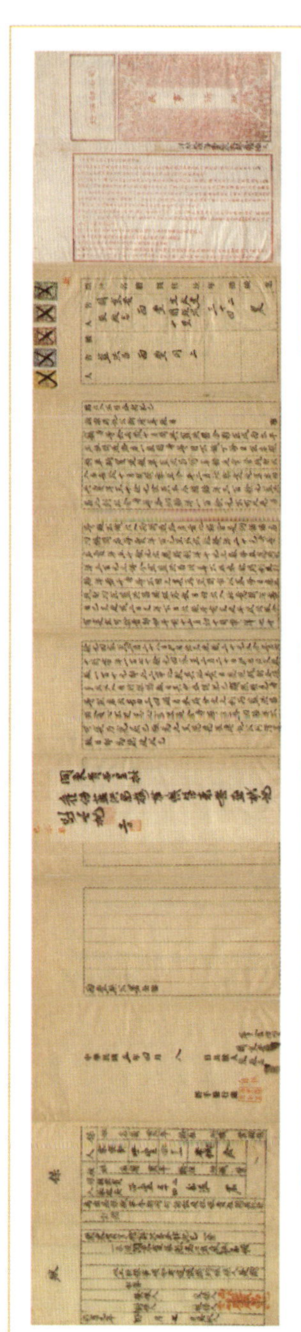

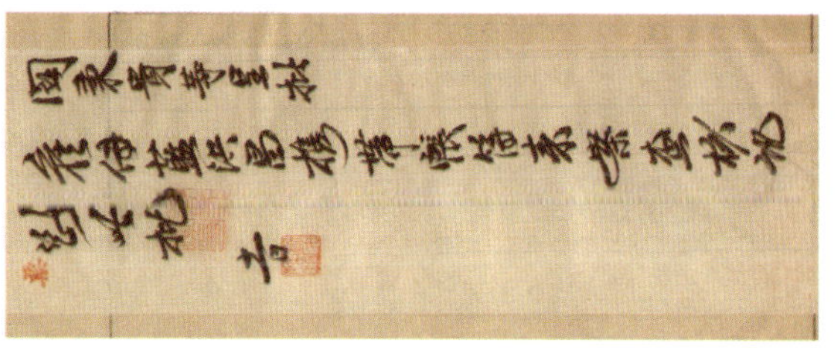

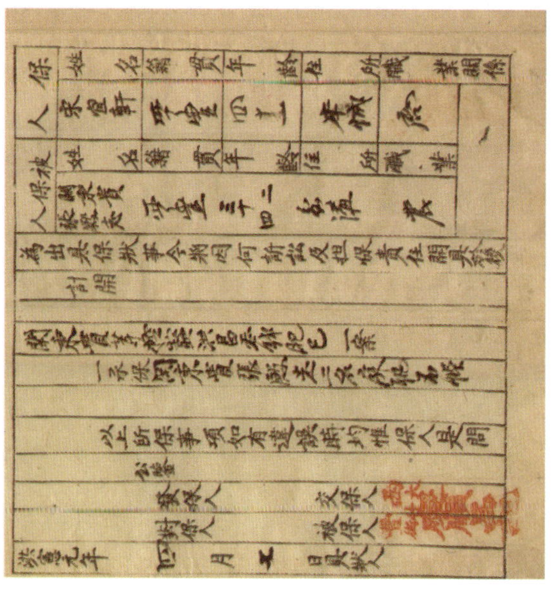

（图97）民国五年民事诉状

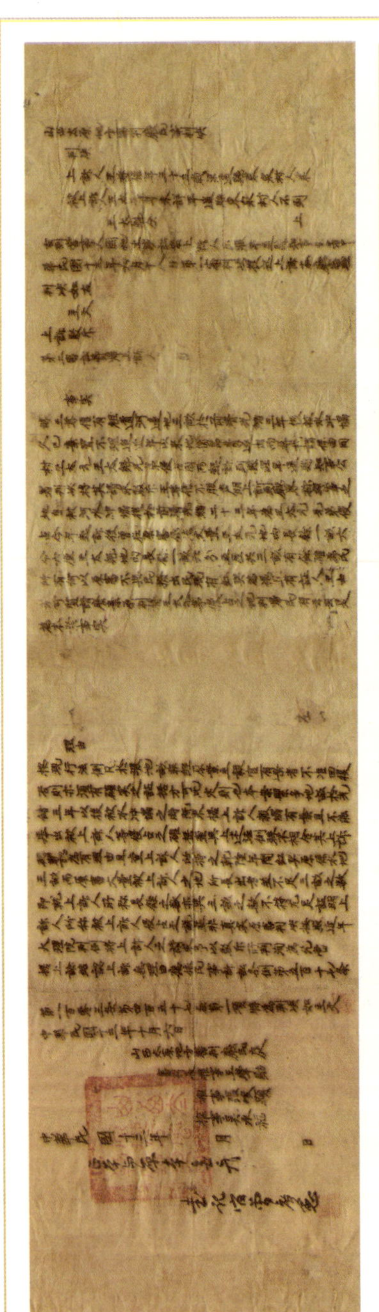

山西太原地方審判廳民事判決

判決

上訴人王[illegible]年五十二歲[illegible]村人

被上訴人王[illegible]村人

[illegible]

判決如左

主文

上訴駁回

[illegible]

事實

[illegible]

據上論結，認上訴為無理由，依民事訴訟條例第五百十九條、第一百零三條、第四百五十七條第一項特為判決如主文。

中華民國十三年十月六日

山西太原地方審判廳民庭

審判長推事[illegible]

推事[illegible]

推事[illegible]

中華民國十三年 月 日

[illegible]

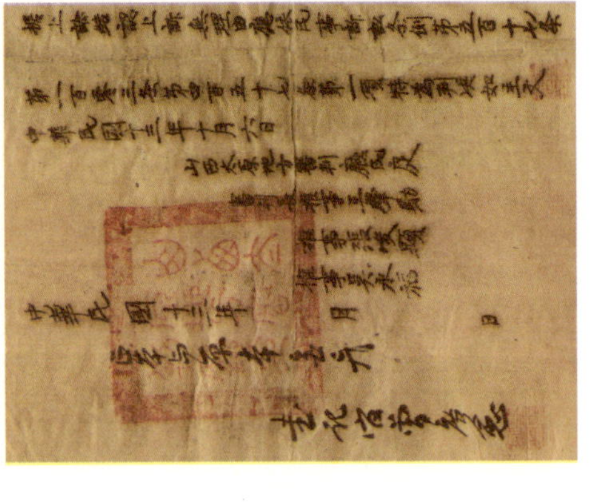

（图98）民国十三年民事判决

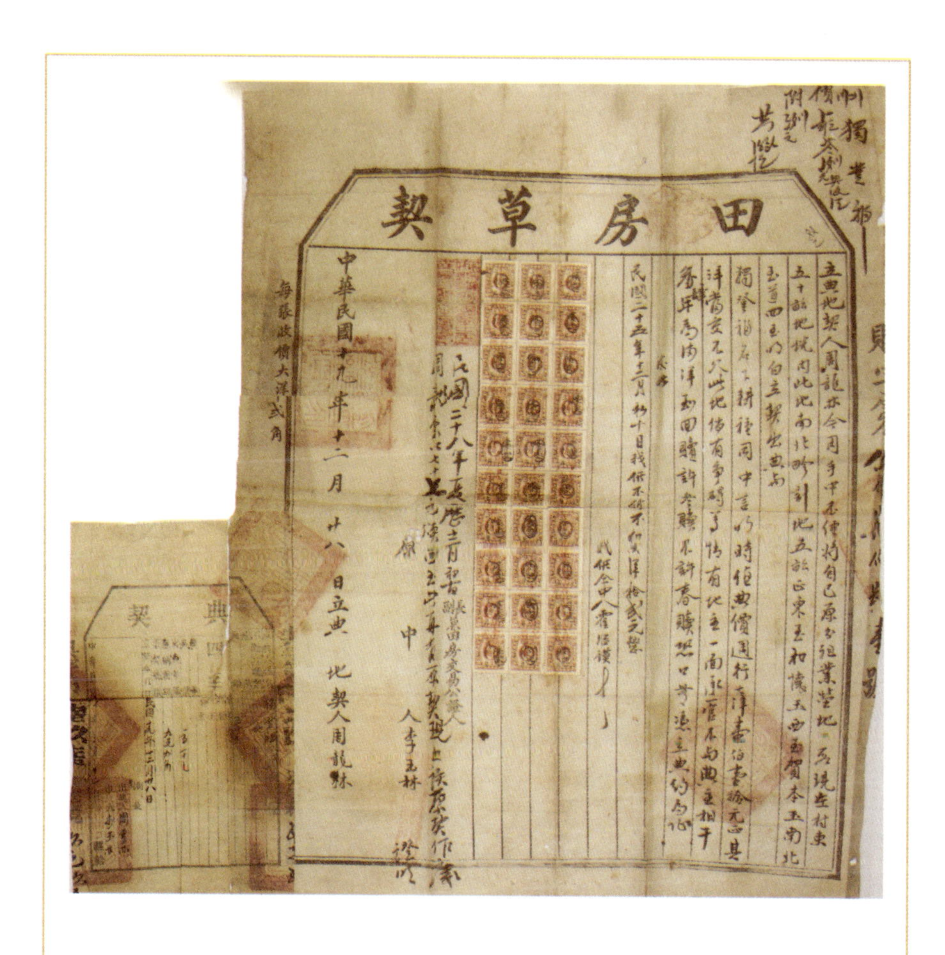
田房草契

每張收價大洋貳角

中華民國十九年十二月廿八日立典　地契人周龍林

中　人李玉林

（图99）民国十九年田房草契

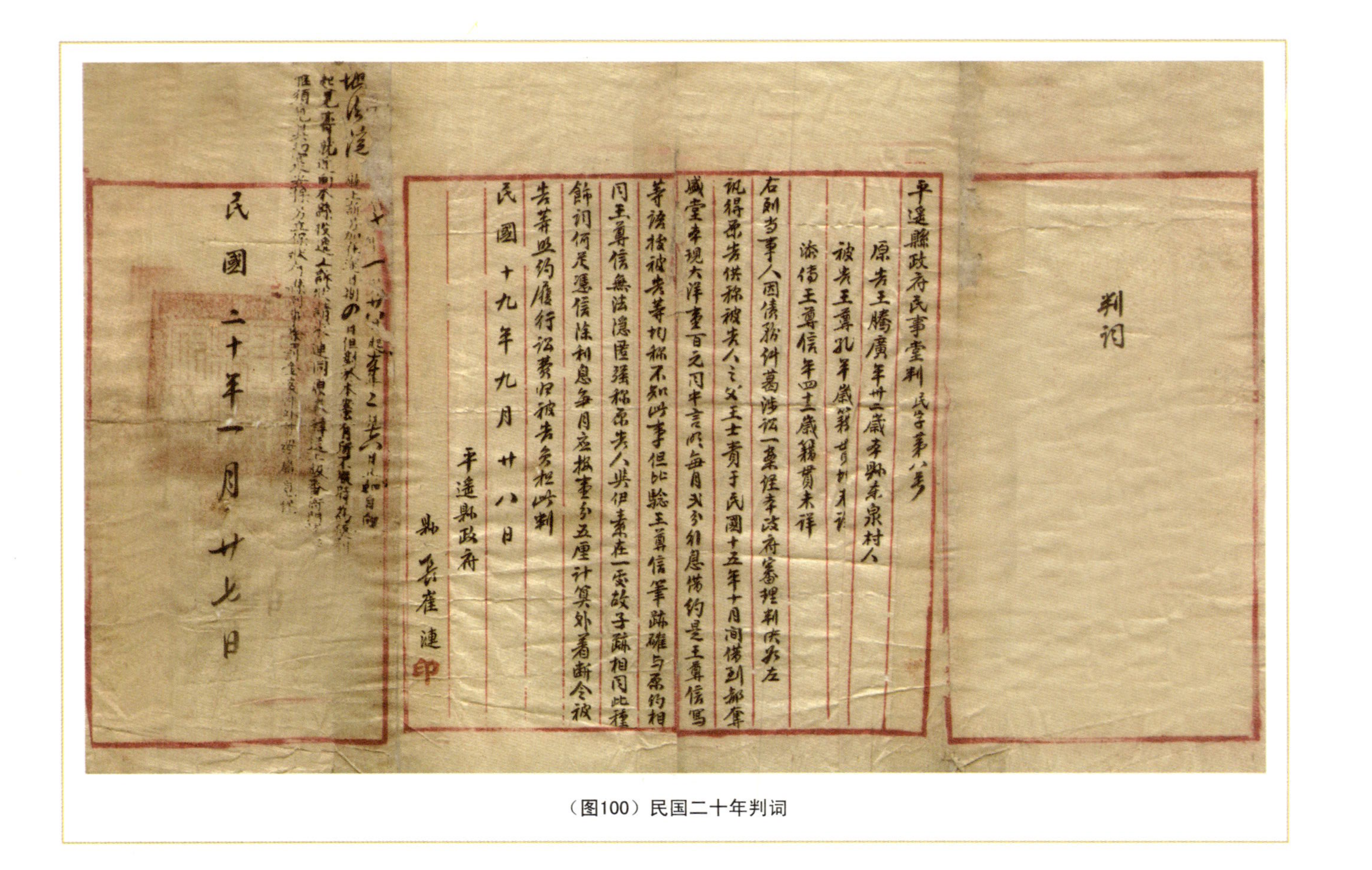

判词

平遥县政府民事堂判 民字第八号

原告王腾广 年卅二岁 本县东泉村人

被告王尊孔 年岁籍贯[illegible]

添传王尊信 年四十二岁 籍贯未详

右列当事人因债务纠葛涉讼一案经本政府审理判决如左

讯得原告供称被告人之父王士贵于民国十五年十月间借到郝奎盛堂本现大洋壹百元同中言明每月弍分行息借约是王尊信写等语据被告等均称不知此事但比验王尊信笔迹确与原约相同王尊信无法隐匿援称原告人与伊素在一处故字迹相同此种饰词何足凭信除利息每月应按壹分五厘计算外着断令被告等照约履行诉讼费归被告负担此判

民国十九年九月廿八日

平遥县政府

县长 崔 涟 印

民国二十年一月廿七日

（图100）民国二十年判词

正堂慶
官代書